大缺工

從技能失傳、倒店危機到產業崩潰，我們如何因應數十萬人才缺口？

古屋星斗
Recruit Works研究院——著
許郁文——譯

働き手不足
1100万人の衝撃

作者簡介

古屋星斗

Recruit Works研究院主任研究員

一橋大學大學院社會科學研究科畢業後，進入經濟產業省，參與產業人才資源政策、福島重建、成長策略規劃等，自二〇一七年起擔任現職。專攻勞動市場和下一代職涯發展研究，著作包括《安逸的職場：年輕人不安的未知原因》等。

中村星斗　＊負責撰寫第一章的部分內容與第二章

Recruit Works研究院主任研究員、分析員

在重工業負責人事業務，以及在Recruit擔任適性測驗的業務與研發業務之後擔任現職。目前除了針對就職活動與大學畢業新鮮人求職情況進行研究外，還負責分析勞動市場。筑波大學大學院人間綜合科學研究科修畢學分。

坂本貴志　＊負責撰寫第五章的部分內容與第六章、第八章

Recruit Works研究院主任研究員、分析員

在一橋大學國際公共政策大學院公共經濟專業修完學分後，進入日本厚生勞動省服務。在結束內閣府的工作後擔任現職。著有《退休之後的「小工作」將拯救日本社會》。

筒井健太郎　＊負責撰寫第九章的部分內容

Recruit Works研究院主任研究員

進入大型損害保險公司後，負責企劃與開發商品，以及經營法人相關業務。之後在多個人事顧問公司服務，再於現職研究人事與管理的領域。

Recruit Works研究院

成立於一九九九年一月，是株式會社Recruit內部的一個研究機構，致力於研究與「人」和「組織」相關的問題。以「創造每個人都能充滿活力地工作的下一代社會」為使命，進行調查和研究。

目錄

CONTENTS

CONTENTS 目錄

CONTENTS 目　錄

前言

二〇四〇大缺工

在企業猶如潰堤般同時調薪，直接付出勞力的工作人手越來越不足的情況下，許多企業與地方政府正用盡一切手段，克服徵才的困難。

許多人應該都看過直接或間接報導人力不足的新聞，也切身感受到日常生活的服務水準不斷下降，相關的糾紛或問題層出不窮。

「日本社會到底發生什麼問題了？應該發生問題了吧？」想必大家心中都有這類疑問。

Recruit Works研究院察覺日本社會似乎出現結構性人力不足問題的威脅之後，在二〇二三年三月發表《未來預測二〇四〇年——勞動力供給受限的社會即將到來》的報告，也從勞動的需求與供給，模擬「若是坐以待斃，將會產生什麼樣的後果」。

這個模擬結果描繪令人震驚的日本樣貌，就是：

二〇四〇年，日本的勞動力將短缺一千一百萬人。

許多人都看過勞動力短缺的新聞，但**接下來即將發生的「勞動力短缺」比過去的「勞動力短缺」更加複雜與不同**。其中最令人擔心的就是，讓我們的生活得以維持的服務水準下滑，甚至發生消失的危機。

比方說，從各業種的勞動供需模擬圖來看，可以發現到了二〇四〇年之後，長照服務的勞動力缺口為二五・二%，駕駛的人力缺口率為二四・一%，建築業的人力缺口率則為二二%。

所以，這樣會發生什麼事？

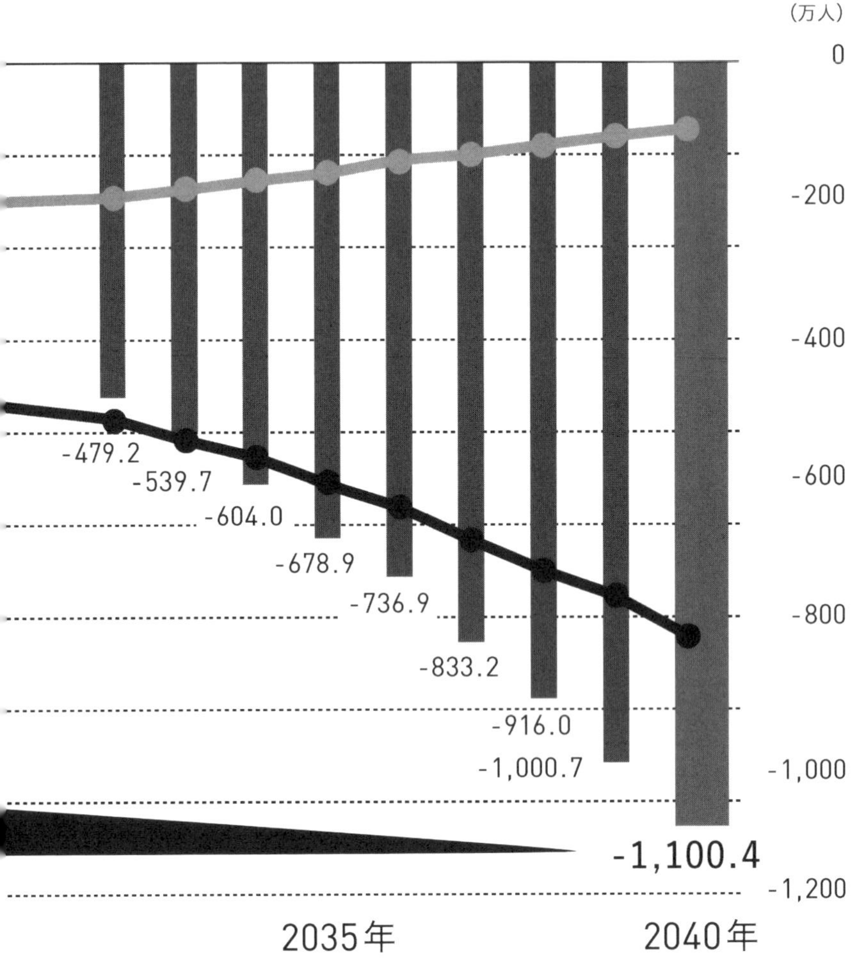

資料來源：Recruit Works研究院，2023年，《未來預測2040年》。

圖 1：勞動供需模擬

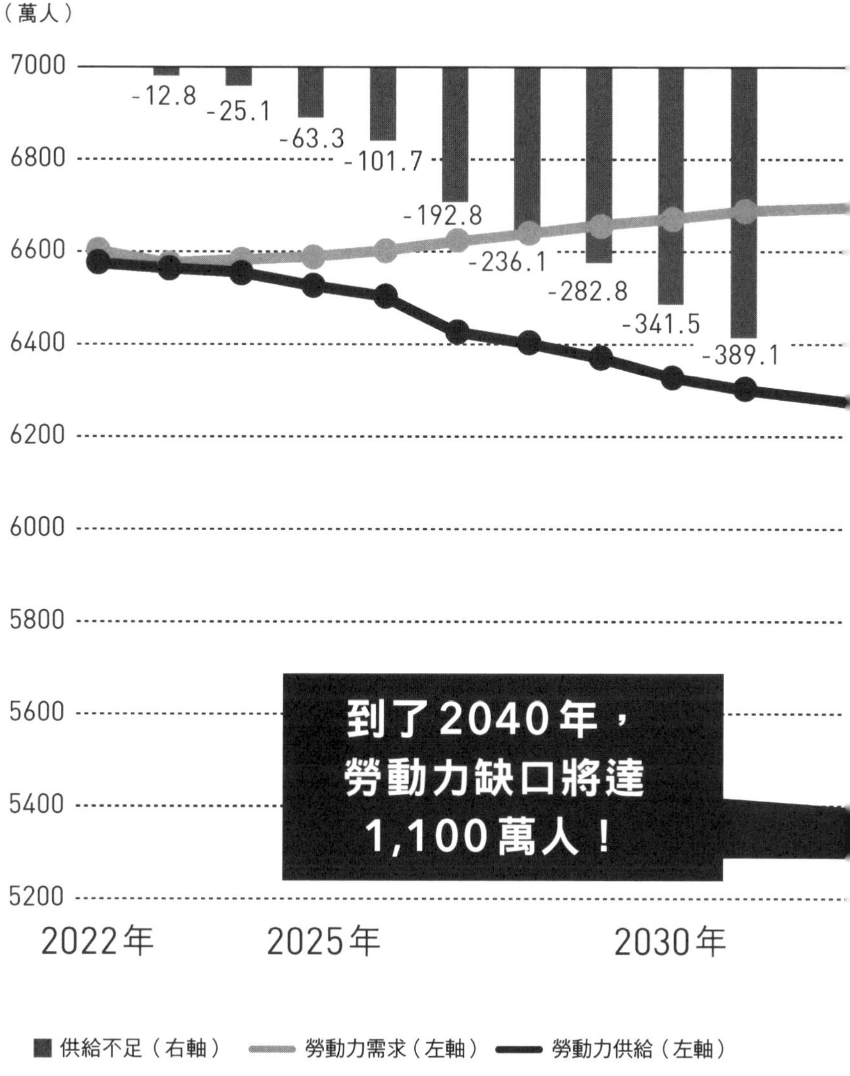
（萬人）
7000
6800
6600
6400
6200
6000
5800
5600
5400
5200
-12.8
-25.1
-63.3
-101.7
-192.8
-236.1
-282.8
-341.5
-389.1
到了2040年，
勞動力缺口將達
1,100萬人！
2022年
2025年
2030年
供給不足（右軸）
勞動力需求（左軸）
勞動力供給（左軸）

對住在日本的所有人來說，這不是喊一句「這下糟了」就結束的問題。

比方說，日本的長照服務有可能在前一天晚上或是當天早上，突然以「工作人員不足」這個理由，拒絕接受老人入住，如此一來，必須工作才能養家活口的家屬就得承擔照顧老人家的責任；宅配的延遲也有可能變得理所當然，我們也可能花更多時間去購買商品；從事駕駛工作的人力不足，也有可能導致超商或超市的商品來不及補貨；至於工地的人力不足，會讓各地的馬路變得坑坑窪窪。當我們花費更多時間購物與通勤時，生活就會變得更加麻煩。

基於人口動態進行的模擬可以說是最準確的預測，如果再「坐視不管」，隨著日本社會的高齡人口比例不斷上升，十年或十五年以後，就一定會遇到上述的情況，箇中的細節也會在接下來的內容裡介紹。如今維持社會運作的必要行業工作者（essential worker）與第一線工作者，已出現人力不足的問題，但這一切還只是剛開始而已。

過去的人力不足通常是缺乏傳承技藝的人，或數位人才不足這類問題，而這些都是從產業或企業觀點出發的問題，至於即將發生的人力不足問題則是，**「日本社會再也無法充分提供維持現有生活所需的必要勞動力」**；換句話說，**這種危及日常生活的問題已近在眼前**。

有如「大家都住在無人島」的社會

雖然有點離題，不過有個電視節目曾採訪一位隻身住在島上數年的男性。據說這位男性退休後，便搬回故鄉的這座島嶼，一邊回憶著在故鄉度過的少年時代，一邊在島上生活。

看到這個節目時，我只是單純覺得這樣真好，每天都能在島上欣賞美麗的大海與大自然，過著悠然自得的生活。大部分看過這個節目的人，應該都跟我有一樣的想法吧！在受到大自然包圍的小島生活，能夠遠離城市的喧囂，空氣也很清新，也沒有令人厭煩的人際關係。這個電視節目的工作人員彷彿預判了觀眾的想法，特別詢問這位男性：「這麼自由的生活是不是很悠哉呢？」沒想到這位男性給了大部分節目觀眾意料之外的答案。

「事實上，我每天從早到晚都得工作。」

我們每天都在消費別人的勞動力，這種現象稱為「共生」，也稱為「互惠」，也就是「每個人都是靠著別人活下來」的意思。不過，這句話已經不再是口號或信念，因為要不了多久，我們的社會就會讓我們知道這句話有多麼珍貴。

那位男性在這座幾乎沒有別人可以幫忙的小島上生活，每天都得自力更生，而他的生活也處處驗證了「每個人都是靠著別人活下來」這句話有多麼可貴。除了要自己煮飯之外，也得走到市區購買需要的糧食與生活用品（因為是無人島，所以當然沒有運送物資的物流業者），住家附近的道路若是出現坑洞，也要自行修補。換句話說，當我們無法再消費其他人的勞動力時，光是要維持生活就會「忙得沒有時間坐下來休息」。不管是誰，只要無法享受別人的勞動或工作帶來的好處，光是要維持生活就會耗盡精力。

勞動力供給受限時代的危機與希望

我們的報告模擬了必要行業工作者短缺的情況，而這種「勞動力供給受限的社會」，其實就像是「大家都住在無人島」的社會，也就是維持社會與日常生活所需的必要行業工作者越來越匱乏的情況。

造成這個問題的原因在於人口的變化，人口高齡化造成勞動力的需求上升，以及勞動力明顯不足的問題，其中**最大的問題在於每個人都要耗費更多時間維持生活，導致沒有時間工作**。

這份報告發表後，受到許多電視節目和新聞引用，也造成極大的迴響，我也因此獲得上台演講的機會，在仔細閱讀這份報告中的二〇四〇年日本社會資料後，我得到以下的感想：

「日本的未來太令人絕望了。」

「真是令人震驚的內容啊！」

「未來實在讓人太恐懼了。」

也有人跟我說：「感覺就像走投無路一樣絕望。」或許是因為其中介紹的日本未來太過寫實，也或許是有些人已經體驗了報告中提到的問題，才會對這些內容感覺如此震驚。

不過，有一點要在這篇「前言」的尾聲強調，這也算是一種劇透吧！我認為**勞動力短缺的日本，有可能轉型為充滿各種機會的社會**。其實從各種普遍的原理或原則來看，自然而然就會導出這個模擬結果，相關細節還請繼續閱讀。

如果坐以待斃，「必須耗盡心力才能維持生活」的社會就真的會到來，我們該怎麼做才能避開這個危機？從歷史來看，每當遇到重大危機，日本都會啟動內建的防禦機制，而目前已經啟動四項對策，本書後半部將會介紹，提供在勞動力不足的情況下，打造具可塑性社會的方向和解決方案。

為了讓勞動力供給受限的社會從「危機」轉化為「希望」，我們寫下本書。

01
chapter

勞動力短缺一千一百萬人的衝擊

缺乏維持生活所需的勞動力

如今日本正面臨日益嚴重的少子高齡化問題。一直以來，都有人討論少子高齡化將對年金、社會福利、醫療制度造成哪些問題，但是這些問題又會對我們的生活帶來多少影響？我們很常聽到「少子高齡化是很嚴重的問題」，但到底是什麼很嚴重？這個問題似乎沒有那麼迫切吧！

那麼，少子高齡化的問題會從哪一個社會層面開始產生影響？

在正式進入主題前，我想先聊聊在新冠肺炎疫情爆發和國際局勢急轉直下後，在這個「難以預測的時代」預測未來的變化，為什麼會變得如此重要。

Recruit Works研究院在之前大概是每隔五年做一次未來局勢變化的模擬，針對勞動市場的狀況、人與組織之間的關係，以及工作方式的進化程度，提出「可能形成的未來」，而這一次之所以會對未來進行預測，在於我們發現日本社會正面臨某種迫在眉睫的狀況，而且過去的研究幾乎不曾研究這個狀況。

那就是「勞動力供給受限」，是指維持社會現狀所需的勞工人數不足，也就是勞動力不足的結構性問題。「勞動力供給」指的是勞工，也就是負責提供勞力的人，相對的詞彙則是「勞動力需求」，也就是企業想聘僱的勞工人數。提供勞動力的是個人，而個人為了賺取收入，將勞動力賣給需要勞動力的主體，也就是企業，藉此維持個人的生活[1]。

當社會出現高齡化現象時，勞動力的需求與供給就會出現落差（供給不足），也會造成需求過剩的問題，但是這個問題卻很少有人討論。

人不管到了幾歲都會消耗勞動力，但是隨著年紀增長，會漸漸無法提供勞力，這項再單純不過的事實，也替全世界高齡化速度最快的日本敲響一記警鐘。換句話說，當社會逐漸高齡化時，維持社會所需的勞力就無法滿足需求，供需之間也無法維持平衡，也必須面對勞動力供給不足這個猶如慢性病的問題，而這種社會也稱為「勞動力供給受限社會」。

這不只是單純人手不足的問題。許多產業或企業都面臨找不到後繼者，技藝難以傳承，或是數位化人才不足的問題，但是勞動力不足的問題卻遠遠不止於此，因為「當日本社會再也無法供給維持生活所需的勞力時」，所有生活其中的人都會受到影響。

1 清家篤、風神佐和子，《勞動經濟》，東洋經濟新報社，二〇二〇年，頁二十九。

人口變化造成的勞動力不足

我們之所以覺得有必要模擬勞動供需情況，是因為發現日本社會似乎陷入結構性人力短缺的困境。之前不時會看到「人力短缺」、「勞動力短缺」這類報導，也有不少人討論這類問題。比方說，在距今六十五年以上、一九五七年三月三日的《日本經濟新聞》就曾刊載下述的新聞標題：

「勞動力短缺浮上檯面　工程恐有延宕　尤其缺乏技術精湛的資深師傅」

這篇報導詳細說明鋼鐵、造船、機械這類產業的狀況，除了針對不同的產業說明勞動力短缺的原因外，還提到兩大重點就是：

「景氣上揚的產業正陸續準備增產，因此訂定增加員工的計畫」

「大量投資設備的同時，需要更多高階的技術人員」

一九五七年是日本經濟被譽為「神武景氣」的年代，也是景氣上揚的時期，許多企業都不斷拚命創造業績，所以才會引發了勞動力短缺的問題。

讓我們稍微把時針往後撥一點，一九八八年十二月十三日，《北海道新聞》早報出現下述專欄，標題是「景氣與人力短缺」，重點在討論「從日本銀行上週發表的短期經濟觀測調查來看，企業的現況、業績預估與設備投資計畫都比之前大幅上升，所以景氣肯定進入絕佳狀況，但是人力短缺的問題也越來越嚴重」。想必大家都知道，當時正是泡沫經濟如火如荼之際，所以才會發生「景氣大幅上揚，人力卻極度不足」的困境。

在人力短缺的情況下，當時的勞工工會在春鬥[2]中提出以四％、五％的幅度調薪。一九八九年一月一日的《日本經濟新聞》早報，也以「景氣絕佳之際的八九春鬥，工會強勢，目標是調薪五％——展現真正價值的工會」為題，並以下述這句話總結當時的情況：

「資方因業績上揚，而面臨人力短缺的問題而被迫坐上談判桌」

2　譯注：日本每年春季舉行的勞工運動，意在提高薪資與改善工作環境。

重點在於，一九九〇年代的人力短缺往往與業績、景氣上揚有關。企業業績提高，工作機會當然會隨之增加，經營者也會為了補充人力而大肆招募員工，許多企業一方面覺得景氣好轉，一方面覺得人手不足。「景氣好轉，人手當然不足，這不是理所當然嗎？」請先記住你現在的這個想法。

然而一切卻在進入二〇〇〇年代之後，開始慢慢走樣。

例如，二〇〇七年七月二十日《日經產業新聞》就報導人力資源企業擴大規模的新聞，其中也提到以下論點：

「在戰後嬰兒潮的世代退休、少子化與景氣上揚的三重打擊之下，各產業人力短缺的問題迅速浮上檯面」

簡單來說，就是在戰後嬰兒潮世代退休、少子化，以及景氣好轉而求才若渴的這三個理由下，人力短缺的問題變得更加嚴重。

二〇〇五年到二〇〇八年這段期間，是雷曼兄弟（Lehman Brothers）金融危機爆發前，當時的景氣也持續上揚，而當時的日本社會正在討論改善特定產業人力不足的問題，例如照護人力不足與改善照護待遇的問題，以及建築業是否該引進外國人才的問題。

儘管討論的程度不像現在這麼熱烈，**但差不多是在二〇〇五年之後開始討論戰後嬰兒潮退休與少子化這些人口變化，也差不多是從這時候開始感覺人力短缺。換句話說，在景氣上揚之際，遇到戰後嬰兒潮世代退休與少子化的打擊，所以才會出現人力短缺的問題。**

明明景氣不佳，卻出現人力短缺

接著要提供一份令人玩味的資料，讓大家了解人力短缺的情況。從二〇一八年開始，勞動市場的專家就開始討論「景氣與人力不足彼此脫節」這個問題。

日本銀行會在每一季調查各行各業，然後發表對景氣的看法（全國企業短期經濟觀測調查（又稱短觀））。這份調查發表景氣（行業狀況判斷動向指數

（Diffusion Index, D.I.）」，以及人力短缺（僱用人員判斷動向指數）[3]的資料，也將二〇〇〇年到二〇二三年的數值畫成圖2，重點包括：

- 包含前面報導列出的二〇〇七年資料，直到二〇一四年為止，除了景氣急速惡化的情況，景氣與人力短缺的現象是彼此連動的（線條重疊代表景氣與人力短缺的趨勢是一致的），而且當景氣急速惡化的情況結束，景氣的起伏與人力短缺的現象又會重新連動。
- 自二〇一五年之後，景氣與人力短缺的趨勢開始脫節，尤其在二〇一八年之後更是急速脫鉤。
- 二〇二〇年新冠疫情爆發後，景氣（業績判斷動向指數）下滑了負三十點左右。原以為從過去的趨勢來看，景氣恢復之後，兩者又會重新連動，沒想到自二〇二二年開始，兩者呈現更大幅度的脫節。

二〇二三年九月的景氣調查為正十點，屬於景氣尚可的水準，但人力短缺（反轉）的點數卻是正三十三，是非常離譜的數值，這代表景氣與人力短缺的趨勢呈現極度脫節，也意味著**不管企業的業績是好是壞，人力都呈現短缺狀態**。

在此請大家回想一下剛剛記住的想法，也就是景氣上揚，人手當然不足。大家看到上述的脫節情況，還會覺得之前這個想法是「理所當然」的嗎？

想必大家已經知道該從何處著手，才能了解造成勞動市場這個不可思議的狀況了，答案應該是從觀察人口變化開始。換句話說，「日本社會無法再提供維持這個社會所需的最低限度勞動力」，**現在進行式的「人力短缺問題」已經不同於過去的「人力短缺問題」**。我們可以整理出下列的結論：

3　僱用人員判斷動向指數若呈正值，代表勞動力充足，負值則代表勞動力不足，但圖2為了方便理解，將正負值反轉後畫成圖表。

圖2：全國產業的行業狀況判斷與僱用人員判斷

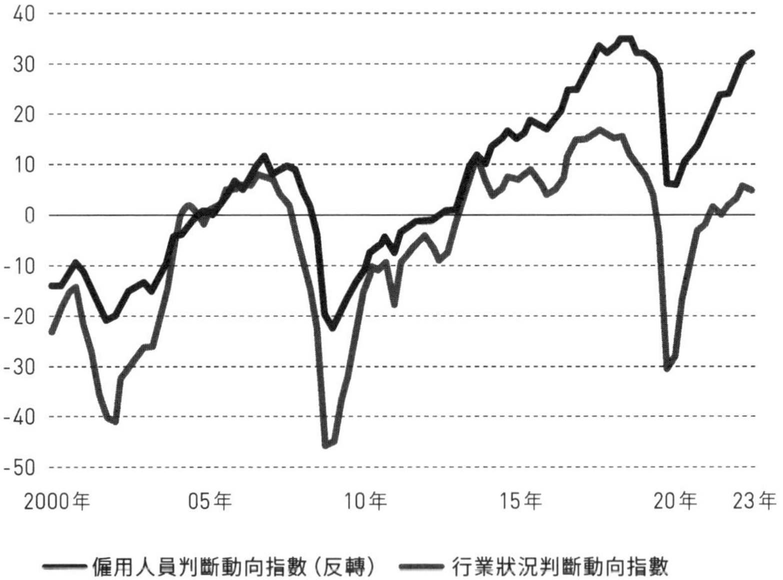

*數值為2023年3月之前的調查結果。
資料來源：日本銀行，「全國企業短期經濟觀測調查」。

・**之前的「人力短缺問題」**

勞動力是否充足，是由景氣的起伏與企業的業績決定，企業對勞動力的需求是多是少，決定勞動力是不足或過剩。

・**「勞動供給受限」**

不管景氣或企業業績是好是壞，勞動力供給量都遇到瓶頸。

簡單來說，現在的「人力短缺問題」已經比過去複雜許多。

若是無法了解這一點，就只能從短視近利的角度討論這個問題，也只能祭出頭痛醫頭、腳痛醫腳的對策，我們擁有的這些「理所當然」也將會變調。

慢性勞動力不足引爆的危機

一般認為，進入這種勞動力供給受限的社會後，不會所有業種都面臨人力短缺的問題，只會有部分業種特別缺少人力，其中最令人擔心的莫過於「生活維持服務」的品質下滑，或是這類服務消失的問題。

想必大家已經知道，如今的物流業、建築業、土木業、長照業、社會福利業、服務業及類似產業，都已經出現勞動力供不應求的問題，然而這並不是一句「那就糟了」就能結束的問題，因為如果再不正視這個問題，我們的生活很可能遭受重大打擊。

貨物宅配、垃圾處理、災害重建、道路除雪、安親服務、長照服務，我們日常生活享受的這一切都屬於「生活維持服務」，而這些服務都來自某人的勞動力，這意味著一旦陷入慢性勞動力不足的困境，這些服務將無以為繼。

如同前述，隨著新冠疫情爆發與國際情勢急遽變化後，世界已經進入不按牌理出牌、變化難以預測的時代，不過日本即將進入勞動力供給受限社會這件事，卻幾乎是可以預見的未來，因為這是根據人口變化統計這份最精準資料進行的預測。在十五年後成為四十歲的人，一定是現在二十五歲的人。

人口結構的這種特性，以及高齡化造成的勞動力供需失衡問題，都是我們預測日本社會走勢時無法忽略的大前提。

Recruit Works研究院在發現這些問題後，啟動了「Works未來預測二〇XX」專案，也傾全力模擬「進入勞動力供給受限社會後，將會發生什麼事」，從勞工的角度，具體刻劃對生活層面造成的影響，同時為了突破勞動力供給受限，讓日本社會與日本人的生活得以繼續富足，還有發現未來的「工作機會」，進行相關調查與研究。

如今日本各地已出現勞動力供給受限社會的前兆，若是不趁早想辦法解決，以下的問題遲早會浮上檯面：

- 不管薪資調高多少，也無法找到需要的人才。
- 聘僱員工的必要成本過高，提供維持生活所需的服務將難以為繼。
- 多數生活維持服務的品質將被迫下降。

・因為人力不足而被迫停業的企業將會增加。

最終，社會整體的經濟活動將長期停滯與萎縮，維持生活所需的服務也將停止，生活品質也會跟著下滑。此外，**由於既有的勞動力必須流往生活維持服務，所以很可能會發生尖端科技領域無法及時獲得人才，創新隨之停滯的副作用。**

二十年內，工作年齡人口減少一千四百二十八萬人

高齡人口比例偏高，代表勞動力的供需將逐漸失衡，社會也將面對慢性勞動力供給不足的問題，但是在此讓我們先從統計了解這個問題的前提，也就是日本的人口組成今後會有的變化。

圖3是十五歲到六十四歲的工作年齡人口與六十五歲以上的人口趨勢，圖4則是與五年前相比的增減幅度。

從這兩張圖可以明確發現，「只有工作年齡人口不斷減少，高齡人口卻不減反增」。雖然目前是就業型態與工作方式多元化的時代，但無論現在還是過去，十五歲到六十四歲的人口都是社會的主要勞動力，工作年齡人口的就業率為七八・三％。換句話說，這個世代的人口在五年內就減少數百萬人，而且從現在到二〇四〇年為止，減少的速度將會越來越快[4]。

另一方面，六十五歲以上的高齡人口微幅增加這點，意味著生活所需的勞動力增加。眾所周知，日本的總人口數在二〇〇八年達到高峰後，便開始逐年減少，**到了二〇四〇年之後，總人口數會比二〇二〇年少一千五百二十三萬人，工作年齡人口則會減少一千四百二十八萬人**，減少的幅度為九四％（圖5）。

4 就業人口總數是根據日本總務省「勞動力調查」的基本統計和長期序列表（依年次排列）二〇二〇年的數據算出，工作年齡人口則是根據國立社會保障・人口問題研究所「日本的未來推估人口」（二〇一七年推估）的數值計算。圖4也是以相同的數據計算。

圖3：工作年齡人口（15歲到64歲）與65歲以上人口的趨勢

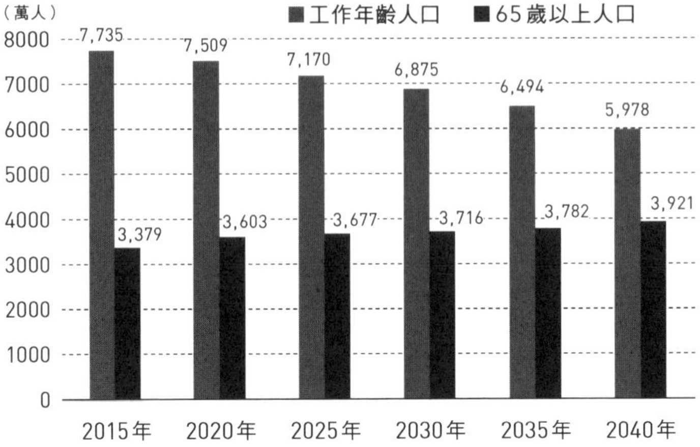

資料來源：2020年之前的資料來自「2020年全國人口普查」，2025年之後的資料來自國立社會保障・人口問題研究所，「日本的未來推估人口（2017年推估）」的中位數推估結果。

圖4：工作年齡人口（15歲到64歲）與65歲以上人口的增減（每年都與5年前進行比較）

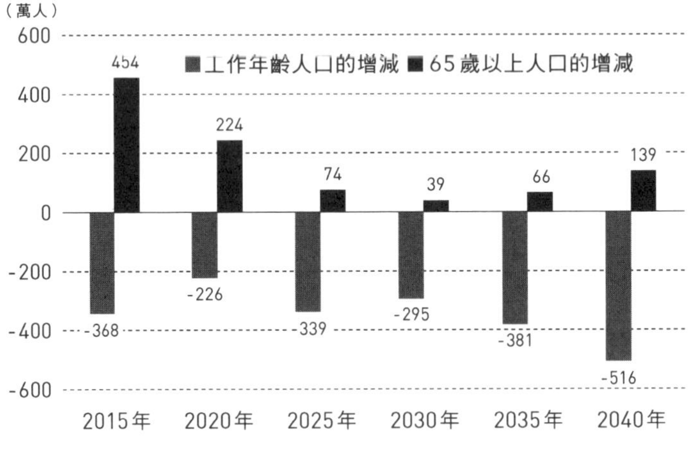

資料來源：2015年之前的資料來自日本總務省的「全國人口普查」，2020年之後的資料來自國立社會保障・人口問題研究所的「日本的未來推估人口（2017年推估）」的可能出生中位數與可能死亡中位數的推估結果。

換句話說，**日本社會目前面對的人口減少問題，主要是勞動人口減少所造成。**

就結果來看，日本社會的年齡結構也將大幅改變。二〇二〇年的工作年齡人口占總人口的五八．七％，到了二〇三五年之後，將下滑至五六，四％，到了二〇四〇年之後，更會降至五三．九％，然而六十五歲以上的人口比例則會從二〇二〇年的二八，七％，在二〇三五年提高至三二．八％，到了二〇四〇年之後，更會上升至三五，三（圖6）。

日本的高齡者勞動力參與率正不斷成長，連七十歲男性也有四五．七％，已接近一半左右。六十五歲以上的男女就業率加起來為二五，一％[5]，放眼國際，這也是相當高的比率（意思是六十五歲以上的日本人，每四人就有一人還在工作）。

5 日本總務省「勞動力調查」二〇二一年的結果。

圖5：從2020年開始的總人口數與工作年齡人口的減少幅度

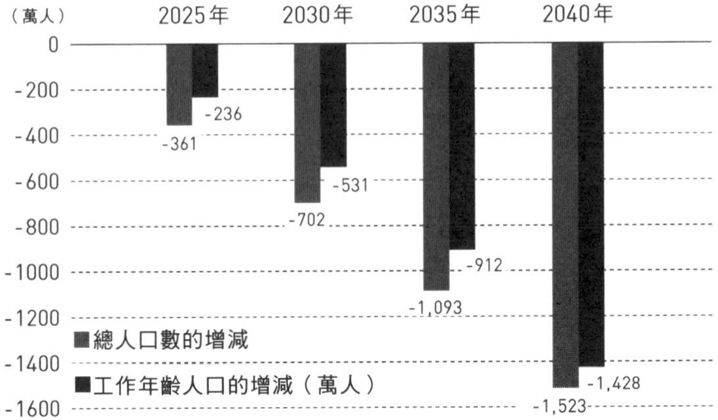

資料來源：2020年之前的資料來自「2020年全國人口普查」，2025年之後的資料來自國立社會保障．人口問題研究所「日本的未來推估人口（2017年推估）」的中位數推估結果。

圖6：占整體人口的比例

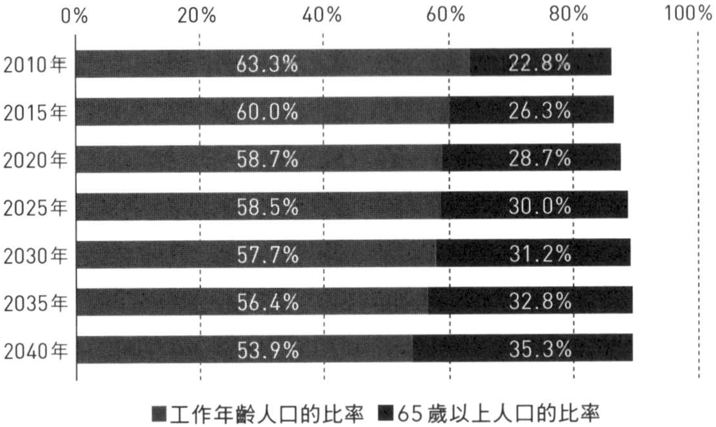

資料來源：2020年之前的資料來自「2020年全國人口普查」，2025年之後的資料來自國立社會保障．人口問題研究所「日本的未來推估人口（2017年推估）」的中位數推估結果。

不過我們都知道，年齡層越高，就業率就會下降，不可能要求七十歲以上的就業率，追上工作年齡人口的八成就業率。

除了就業率之外，另一個更嚴重的問題是工作時間。高齡者就算就業，也很難全職工作。據統計，四十世代就業人口的每週平均工時為三十八小時，七十歲以上的就業人口則為二十四．九小時，只剩下三分之二的時數[6]。**除了年紀增長外，這些人口也慢慢從勞工轉型為消費者，我們正迎來「勞動力消費人口比例有史以來最高的社會」**。

最後，讓我們想想「高齡者與工作年齡人口之間的比例」。

其實這個比例常在社會福利（例如年金制度）提到，而我們現在先將注意力放在「勞動力供需」這一點，並且將工作年齡人口的就業者當成分子[7]。如此一來，可以計算出下述結果。二〇一〇年，每位高齡者可得到一．九六人的

---

6 Recruit Works 研究院，全國就業情況固定樣本調查，二〇二二年的結果。以加權採樣的方式統計。

7 將二〇二〇年工作年齡人口的就業率訂為七八．四%，再進行推估的結果。

勞動力，也就是二人左右可以滿足一位高齡者的需求；到了二〇三五年之後，每位高齡者只能得到一．三五人的勞動力；到了二〇四〇年之後，則減少至一．二人。

如果社會結構不改變，高齡者仍需依賴工作年齡人口的勞動力才能生活，整個社會也無法善用機械或是各種人力運作，那麼不僅經濟會停止成長，我們現在的生活都會無以為繼。

近畿地區的工作年齡人口完全消失

在上述危機步步進逼下，日本社會到底會變成什麼樣子？工作年齡人口低於五〇%的社會，究竟會發生什麼事情？我們為了釐清「坐以待斃的話，會發生什麼下場」，從勞動力的供需模擬未來的情況。

一開始要先說明勞動力供需模擬結果，以及模擬的方法與概念。它是以

「Works未來預測二〇ＸＸ」研究專案的方式執行，主要是根據二〇二二年四月到二〇二三年三月的資料建立模擬模型，再推估未來的勞動供需情況。

結果就如同圖1所示，從中可具體看到二〇四〇年之前，日本整體的勞動力需求、勞動力供給，以及勞動力供需落差（供給不足）的結果。圖中的灰線為勞動力需求，黑線為勞動力供給，長條為供給不足的圖表。

模擬二〇四〇年之前的勞動力供需結果後，會發現勞動力需求的灰線幾乎持平，只有微幅的增加，勞動力供給卻大幅減少。換句話說，勞動力需求的灰線雖然沒有什麼起伏，卻發生嚴重的「勞動力供給不足」問題。就結果而言，**到了二〇三〇年之後，勞動力供給不足的缺口會達到三百四十一萬人以上；而到了二〇四〇年之後，這個缺口會擴大至超過一千一百萬人。**

雖然勞動力需求還是會繼續增加，但是斜率還算平緩，相較於勞動力供給減少的斜率，可說是幾近水平狀態。後面也會提到，勞動力需求的推估公式是以日本政府發表的未來名目國內生產毛額（Gross Domestic Product, GDP）推估為前提，並未假設經濟成長率會大幅提高，可以說是近乎零成長。

雖然經濟幾乎沒有成長，但是極度需要人力服務的高齡人口比例卻不斷提高，導致勞動力需求遲遲無法減少。高齡人口特別依賴醫療、照護、物流業、零售業的人力，而這些都屬於勞力密集產業，所以主要消耗的勞動力都來自這類行業或職業，對於勞動力的需求也將居高不下。

反觀**勞動力供給的部分正在迅速減少，這部分的斜率也遠比勞動力需求的斜率來得更大。今後數年雖然會暫時持平，但是到了二〇二七年後，又會開始急速減少。**勞動力供給的數值是用模擬模型推算的勞動力參與率，乘以人口推估值計算出來的，從圖中也可以發現，勞動力供給的數值將緩緩下降，勞動力供需落差也會繼續擴大，這部分在後面會進一步說明。

這種因為勞動力供給減少導致的勞動力供給受限問題，與勞動力無法流向成長型產業無關，也與人力不足導致工作變得忙碌無關。二〇三〇年的勞動力供給不足缺口為三百四十一萬人左右，與現在的日本中國地區就業人數（二〇二二年七月到九月該地區就業平均人數為三百八十四萬人）規模相當。

到了二〇四〇年後，勞動力供給不足的缺口將擴大到一千一百萬人，這等於是整個近畿地區就業人數消失的規模（一千一百零四萬人）。從結果來看，將出現搬運業、建築業、長照業、醫療業這類維持生活水準的服務，難以維持相同品質的勞動力供給受限。

模擬模型的推估方法

在進一步討論問題之前，容我說明一下勞動力供需模擬的推估方法。這部分雖然有點難懂，但是和該如何解讀模擬結果，以及該如何應用模擬結果息息相關，所以想向各位讀者公開。許多在意模擬結果與想正確了解模擬模型的人，都提出相關的問題，所以在此列出模擬模型的概要。如果想立刻知道模擬結果，可以直接跳過這部分的說明。

這個模擬模型是參考勞動政策研究・研修機構（JILPT）二〇一九年發表的《勞動力供需推估——勞動力供需模型（二〇一八年度版）模擬結果》的推估手法所建置，主要是由「需求」、「供給」及「供需調整」這三個區塊組成。各區塊都以二〇一九年之前的資料設計預測公式及推估（許多模擬都會使用過去的資料，而這種以「過去的資料設計預測公式」的方法，則是解讀結果的關鍵）。

此外，也會針對各產業推估勞動力需求，以及根據性別與年齡層（以五歲為單位）推估勞動力供給。勞動力需求的數值為各產業勞動力需求的加總，勞動力供給的數值則是性別與各年齡層勞動力供給的加總，這些數值則說明了未來的勞動供需情況，這種分類是根據JILPT（二〇一九年）所設計。接下來，將針對「需求」與「供給」這兩大主要區塊進行說明。

需求區塊

需求區塊透過模擬模型推估未來的就業人數，這個未來的就業人數相當於潛在的勞動力需求。實際推估時，先以下列的【公式1】進行迴歸分析[8]，得出各產業就業人數的變化率之後再進行預測。

【公式1】$\Delta lnL(t)=const.+a\Delta lnZ(t)+blnZ(t-1)+clnL(t-1)+\varepsilon(t)$

在需求區塊分析使用的變數，為各產業的產值（名目國內生產毛額）、薪資、工時、前一年的就業人數。這裡的產業分類也仿照JILPT（二〇一九年），分成農林水產、資訊及通訊業、醫療業、社會福利業，總共十九種分類。

8 統計學的分析手法之一，可用來釐清A對B的影響。以【公式1】為例，A就是產值、時薪與總工時，B則是勞動力需求的變化。

如果進一步說明【公式1】的各項數值，L 是各產業的就業人數，ΔlnL[9] 為前一年（$t-1$ 年）到當年（t 年）的變化率。

至於 Z 則以下列的【公式2】算出。

【公式2】$Z=\dfrac{Y}{wH}$

分子的 Y 是各產業的名目產值（名目國內生產毛額）；分母的 w 為時薪，H 為總工時。換句話說，這個公式可說明相對於平均薪資與總工時的產值，對必要的就業者人數造成多少影響。至於 *const.* 則是常數項，ε 則是誤差項[10]，a、b、c 分別是分析結果所得的迴歸係數[11]。

供給區塊

接著要說明供給區塊，這部分利用下列的【公式3】，針對性別與各年齡層預估勞動力參與率。

【公式3】$r(t)=const.+\Sigma_{i=1} d_i V_i(t)+\epsilon(t)$

勞動力參與率就是說明性別與各年齡層有多少比率為工作人口的數值，這部分與需求區塊一樣，都是利用迴歸分析預測。至於性別與年齡層的區分方法，也是以JILPT（二〇一九年）的模型為基礎。

此外，另外將女性分成有配偶與無配偶兩個群組進行預估。例如，分成二十歲到二十四歲女性（有配偶），或是五十歲到五十四歲女性（無配偶）這類群組，再針對這類群組預測勞動力參與率。影響

9 ▷為「差異」的符號，讀作Delta。

10 常數項為不受名目國內生產毛額或薪資這類變數影響的部分，誤差項則是真值與實際值的差。供給區塊與供需區塊都會出現常數項。

11 以需求區塊而言，代表的是對名目國內生產毛額、薪資這類就業者數變化率造成影響的程度。

勞動力參與率的變數，包含失業率、入學率、實質薪資及其他因素，各性別與年齡層都以不同的變數設計預測公式。以下列出三種性別與年齡層的分類範例。

- 二十歲到二十四歲的男性，以「大學、專科大學入學率（兩季之前的資料）」、「前期失業率」、「該年齡層薪資／年齡合計薪資」這類影響勞動力參與率的因素進行分析。
- 四十五歲到四十九歲女性，以「前期失業率」、「短期僱用者比率」、「實質薪資（薪資／消費者物價指數）」這類影響勞動力參與率的因素進行分析。
- 六十歲到六十四歲女性，以「前期失業率」、「年金開始支付年齡（定額）」、「世代因素」[12]這類影響勞動力參與率的因素進行分析。

【公式3】的 Vi 是對勞動力參與率造成影響的行動因素（例如前面提到的大學、專科大學入學率、前期失業率、短期僱用者比率）。

此外，在推算勞動力參與率時，利用下列的公式對 R（%）進行邏輯式變換（logit transformation）。這是為了讓最終數據不超過一〇〇%的處理。

$$r=ln(R/(100-R))$$

利用這個推算公式算出的勞動力參與率，會乘以國立社會保障・人口問題研究所計算出來的未來推估人口，預測未來的勞動人口，而這就是未來的勞動力供給。

12 指的是五年前上一個年齡層的勞動力，比方說二〇一九年六十歲到六十四歲的世代因素，就是二〇一四年五十五歲到五十九歲的勞動力參與率。

二〇四〇年模擬的大前提

供需調整區塊

這個區塊計算的是求供倍數、薪資成長率、失業率，這些數值都會間接影響勞動力需求與勞動力供給。

第一步先根據勞動力供需倍率（勞動力需求／勞動人口），算出所有性別與年齡層的求供倍數，再將這個數值轉換成各年齡層的求供倍率。薪資成長率則是根據求供倍數、消費者物價指數（Consumer Price Index, CPI）的變化率、貿易條件指數（出口物價指數／進口物價指數）計算，這個數值在所有年齡層都通用。

最後的失業率，則是根據各年齡層的失業率設計轉換公式。未來的求供倍率則為二〇〇五年到二〇二一年的平均值。

這個供需模擬使用官方公布的數據作為基礎資料，勞動力需求的部分使用名目國內生產毛額，勞動力供給的部分則使用未來推估人口的資料。許多推測都使用這些資料，也有可能是日本未來的劇本。

用於勞動力需求模擬的名目國內生產毛額，是二〇二三年一月二十四日，日本內閣府在經濟財政諮詢會議提出的「中長期經濟財政試算值」。

這個試算評估經濟重振與財政健全化的進度，也提供今後重振經濟所需的基礎資料，至於和經濟相關的劇本，則分成「成長實現情況」與「基線情況」兩種，而本書使用的模擬模型則採用「以經濟潛在成長率推估未來」的「基線情況」。具體的名目國內生產毛額成長率在二〇二三年為四．四%，在二〇三〇年到二〇三二年這段期間，應該會有〇．五%到〇．六%的成長。由於這份資料的數據只預測到二〇三二年，所以本書的模擬也將二〇三三年到二〇四〇年的名目國內生產毛額成長率，定為與二〇三二年相同的〇．五%[13]。

13　只有醫療與社會福利的部分，會根據未來需求量增加情況調整成長率。

換句話說，這個勞動供需模擬是以「二〇三〇年之後，日本的名目國內生產毛額只成長〇．五％」為前提。名目國內生產毛額在剔除通貨膨脹的影響，也就是物價的變動幅度之後，即可算出實質國內生產毛額，所以實質國內生產毛額因為物價的變動為零，甚至有可能會是負數。要請大家特別留意的是，**在模擬勞動力需求時，是以「日本經濟幾乎不成長」這個劇本為前提。**

反過來說，如果經濟略有成長，勞動力需求就不只如此，有可能會需要超乎想像的勞動力。

接著，說明勞動力供給這部分的未來推估人口。

在人口方面，使用的是國立社會保障．人口問題研究所提出的「日本的未來推估人口（二〇一七年推估）」的出生中位數（死亡中位數）推估值[14]。在這份推估人口的資料裡，二〇二五年的日本人口為一億兩千兩百五十四萬四千人、二〇三〇年為一億一千九百一十二萬五千人、二〇四〇年為一億一千零九十一萬九千人（這些數值包含所有年齡層與全性別）。換句話說，若以二〇二五年為基準，二〇四〇年的日本人口成長率為負九．五％。

如同前述，勞動力供給就是勞動力參與率乘以未來推估人口算出的勞動人口。由於勞動力參與率不可能超過一〇〇％，所以人口越減少，勞動力供給受限也就越嚴重。

日本的勞動力參與率在先進國家中已是前段班

接著，也想順便談一下勞動力參與率。在這次模擬的過程中，勞動力參與率就是以先前提到的推估公式計算，說明的是自二〇二五年之後，男性與女性在各年齡層的勞動力參與率變化幅度。

雖然各年齡層及每個年齡的變化幅度都不同，但唯一可斷言的是，男性與

14 二〇二三年四月二十六日，該所發表「日本的未來推估人口（以二〇二三年推估）」，而本書基於模擬分析的時間點，採用二〇一七年的推估結果。

女性的勞動力參與率已經達到一定程度，尤其三十歲到四十四歲女性的勞動力參與率，從七七．三％有可能飆升至八四．二％。

此外，銀髮族（六十歲以上）的勞動力參與率雖然沒有明顯成長，但這是因為今後的日本高齡化趨勢將出現質變。

銀髮族的人口雖然在二〇四〇年之前會持續增加，但這股趨勢主要是由八十五歲以上的人口帶動。比方說，在二〇二〇年，銀髮族男性原本為一百九十五萬人，到了二〇四〇年之後將成長至三百四十九萬人，成長幅度接近一倍，至於女性則是從四百二十五萬人陡增至六百七十四萬人，所以在此要請大家了解的是，這次的模擬結果告訴我們，銀髮族本身的年齡結構產生變化，也就是「高齡者的年齡層進一步高齡化」的意思。

就結果來看，銀髮族的勞動人口仍持續增加（男性的部分從二〇二〇年的八百六十五萬人增加至九百三十九萬人，女性則從六百零二萬人增加至六百七十六萬人，兩者都增加一〇％左右）。此外，二〇四〇年八十五歲以上男性的勞動力參與率為一四・五%，未見明顯成長。

即使從現階段的數據來看，日本的勞動力參與率絕對不低，日本厚生勞動省的網站[15]也公布二〇二三年一月十七日工作年齡人口的勞動力參與率（勞動人口），其中提到日本的勞動力參與率為八〇%（六千九百零七萬三千人）、美國為七三・四%（一億六千一百二十萬四千人）、英國為七八・三%（三千三百九十三萬兩千人）、德國為七八・七%（四千三百零三萬六千人）、法國為七三%（三千零九萬三千人）。

在主要先進國家中，日本的勞動力參與率可說是名列前茅，這意味著日本已一步步轉型為充分應用人力的社會。勞動力供給受限社會當然需要更多人參與勞動，但是從上述的數值來看，日本除了銀髮族之外，大部分的人都已經是勞動人口。

15 https://www.mhlw.go.jp/toukei/youran/indexyr_k.html。

圖7：勞動力參與率的預測結果

男性

	15～29歲	30～44歲	45～59歲	60歲以上
2025年	58.7%	95.8%	94.7%	44.5%
2030年	57.2%	95.9%	94.5%	45.4%
2035年	56.6%	95.8%	94.4%	46.6%
2040年	56.4%	95.3%	94.5%	44.5%

女性

	15～29歲	30～44歲	45～59歲	60歲以上
2025年	62.3%	77.3%	77.0%	23.5%
2030年	62.8%	80.6%	76.4%	24.4%
2035年	63.2%	82.6%	77.1%	26.0%
2040年	64.1%	84.2%	77.8%	25.9%

資料來源：Recruit Works研究院。

這個「放眼全世界，勞動力供給已近乎緊繃的狀態」是日本的起點（這個模擬告訴我們，二〇四〇年日本工作年齡人口的勞動力參與率雖然會上升幾個百分點，但是勞動力供給的缺口仍不容樂觀）。

這意味著「想辦法提高勞動力參與率，讓更多人參與勞動」已達山窮水盡的地步，這也正是勞動力供給「受限」的真正意義。

如今的日本不該再討論「該怎麼做才能讓更多人參與勞動」，而是得找出足以促成「典範轉移」的解決方案。我們想打造的是讓每個人豐衣足食、適才適所的社會，但從下一章開始，我們將根據模擬結果，進一步說明「坐以待斃會發生什麼下場」。

02

chapter

各產業的二〇四〇年勞動力供需預測

雖然二〇四〇年的勞動力缺口將達一千一百萬人，但是每種職業或地區的人力缺口當然都不一樣。

因此，本章將重點放在維持生活品質所需的「生活維持服務」，從勞動力預測這類服務今後的發展。將注意力放在維持生活的職業類型，就能勾勒出二〇四〇年的生活狀態。

為此，我們實施了「各種職業」與「都道府縣×各種職業」的勞動力供需模擬，接下來讓我們一起了解模擬結果。

在職業種類的分類方面，除了「運輸、機械操作、搬運」、「建築工程」、「製造工程」、「商品銷售」、「長照服務」、「服務業、餐飲業」、「保健醫療專業」這七種生活維持服務的職業外，再加上「行政、技術人員、特殊專業」，總共有八種分類。

在都道府縣×各種職業的模擬方面，先排除「行政、技術人員、特殊專業」這個類型，再提出將其他七種職業整合為「生活維持服務」的模擬結果。

各職業模擬的邏輯

本書使用全國人口普查結果算出各產業的職業組成比率，再利用該職業組成比率，按比例分配模擬模型計算出來的勞動力需求與供給數值，藉此推測各職業的勞動力供需情況。

由於勞動力供給值是針對不同的性別與年齡層計算，所以這些性別與年齡層的勞動力供給總和，會先按比例分配給不同的產業，並在算出各產業的勞動力供給值之後，再按比例分配給不同的職業。

至於按比例分配的方法，勞動力需求值的部分沿用二〇二〇年全國人口普查職業組成比率，直到二〇四〇年為止[16]。

在勞動力供給的部分，儘管對勞動力的需求會產生變化，但是從勞動條件、勞動環境及其他各種因素來看，應該還是會產生勞動力流動或流失的情況。為了將這個假設套用在預測結果上，本書根據二〇一五年與二〇二〇年的全國人口普查，算出職業組成比率的平均變化率，再利用這個數值計算直到二〇四〇年為止的各職業勞動力供給值。

在都道府縣×各種職業的部分，基本上採用同樣的方式模擬。按比例分配時使用的各產業職業組成比率，為各產業的「都道府縣×職業組成比率」，本書會利用這個數值，將各產業的勞動力供給值轉換成都道府縣×各種職業的數據。

要注意的是，在計算都道府縣職業組成比率的平均變化率時，若是過度細分會導致樣本規模變得太小，某些都道府縣的職業有可能會出現異常的平均變化率。為了避免這種離群值導致預測不切實際，本書套用了「當變化率比前一年增加超過〇．三％，將〇．三％設定為變化率上限」的限制。超過〇．三％的部分，則根據日本總務省統計局發表的《住民基本台帳人口移動報告》的結果，分配至埼玉縣、千葉縣、東京都、神奈川縣、大阪府及福岡縣[17]。

16 在勞動力需求方面，未來的產業結構當然會改變。請理解，這裡對未來的推測是假設它會保持不變。

17 撰寫本書時，為了聚焦在生活維持服務，進行都道府縣×各種職業的模擬，也為了維持推估的精準度，局部變更 Recruit Works 研究院報告之際的模擬方法。因此，各職業的模擬結果雖然一致，但各都道府縣的結果卻不一致，這是因為推估方法不同所造成的結果。

駕駛短缺率為二四%（以及各職業模擬結果）

首先，讓我們將注意力放在生活維持服務，了解日本全國各職業模擬結果。此外，各分類的職業模擬結果請參見圖8中各圖的注解。

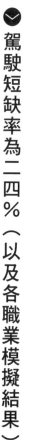

要先了解的是「運輸、機械操作、搬運」，也就是從駕駛這個職業了解。這個職業早就出現人力不足的警訊，而勞動力供給不足的缺口預估在二〇三〇年擴大至三十七萬九千人，到了二〇四〇年則會進一步擴大至九十九萬八千人。**二〇四〇年的勞動力需求（四百一十三萬兩千人）不足率將達二四・一%；換句話說，「需要四人才能完成的工作，只找得到三個人負責」的狀態。**

至於駕駛人力特別不足的地區，包含完全無法配送的地區、明顯會延遲配送的地區，然而這不是每家公司各自努力就能解決的問題，必須由大型公司登高一呼，一起改善駕駛等待貨物的時間，或是解決其他本質上的問題，才能加以解決。在「建築工程」方面，二〇三〇年勞動力供給不足的缺口預估為二十二萬三千人，二〇四〇年則為六十五萬七千人。二〇四〇年的勞動力需求（兩百九十八萬九千人）不足率為二二%，假設這個推估結果成真，日本的基礎建設很可能無法維持目前的水準，例如沒有足夠的人力維護道路或是從事災後重建，也有可能因此在發生重大事故或山崩之後，未能及時處理。日本是自然災害頻仍的國家，從事建築工程的人可以說是我們能夠安心生活的生命線，而上述的狀況將會讓社會大眾變得惶惶不安。

在「製造工程」方面，二〇三〇年勞動力供給不足的缺口預估為二十二萬一千人，二〇四〇年為一百一十二萬四千人。二〇四〇年的勞動力需求（八百四十五萬人）不足率為一三．三%，以二〇四〇年的日本社會來看，算是人力較不虞匱乏的職業，但人力仍然不足，假設生產據點從海外移回日本，或是打算另外建設大型生產工廠，就有可能因為勞動力供給陷入瓶頸而不得不放棄，國產品也可能因此陷入慢性庫存不足的問題，因此造成生活層面的危機。

在「商品銷售」方面，二〇三〇年勞動力供給不足的缺口預估為四十萬兩千人，二〇四〇年則為一百零八萬九千人。二〇四〇年的勞動力需求（四百三十八萬五千人）不足率為二四・八％，尤其是外縣市的零售店極有可能因為人力缺乏，而無法維持服務品質。

「長照服務」職業指的是照護員或居家照護人員，在二〇三〇年勞動力供給不足的缺口預估為二十一萬人，二〇四〇年則為五十八萬人。**二〇四〇年的勞動力需求（兩百二十九萬七千人）不足率為二五・二％**，就算以全國平均來看，恐怕**「一週需要四天的日間照護，卻因為人力不足，只能提供三天日間照護」的這種狀態將會成為「常態」**。

在「服務業、餐飲業」的部分，二〇三〇年勞動力供給不足的缺口預估為十七萬九千人，二〇四〇年則為五十六萬六千人，二〇四〇年的勞動力需求（三百七十四萬八千人）不足率為一五・一％。

「保健醫療專業」也就是醫師、護理師、藥劑師這類醫療從業人員，在二〇三〇年勞動力供給不足的缺口預估為十八萬六千人，二〇四〇年則為八十一萬六千人，二〇四〇年的勞動力需求（四百六十七萬六千人）不足率為一七・五％。由於高齡化的趨勢不見消退，這又是亟需人力的職業，所以當這個職業的勞動力慢性不足時，很可能會發生民眾難以就診，或是叫了救護車，卻沒有醫院可以接收病人的情況，會對我們的生活造成嚴重的影響。

那麼生活維持服務之外的「行政、技術人員、特殊專業」的情況又是如何？這部分包含行政職、各領域的技術人員、教師或是需要執照才能執業的特殊專業人員，也就是所謂的白領階級或上班族。在二〇三〇年，會多出二十一萬三千人的勞動力，但是到了二〇四〇年之後，就會出現勞動力不足的缺口，不足的勞動力為一百五十六萬六千人，二〇四〇年的勞動力需求（兩千兩百九十萬兩千人）不足率為六・八％，這種情況可以說是供需平衡。

從上述的資料來看，「行政、技術人員、特殊專業」，也就是上班族的勞動力供需落差變小。雖然到了二〇四〇年還是會出現勞動力不足的缺口，但是相較於其他職業，情況不算太過嚴重。

圖8：各職業勞動供需模擬

1.運輸、機械操作、搬運

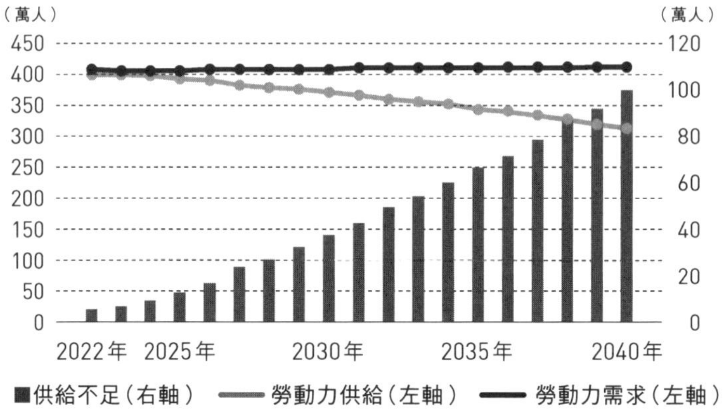

*例如：汽車駕駛、配送員、物流人員、鐵路運輸相關人員。

2.建築工程

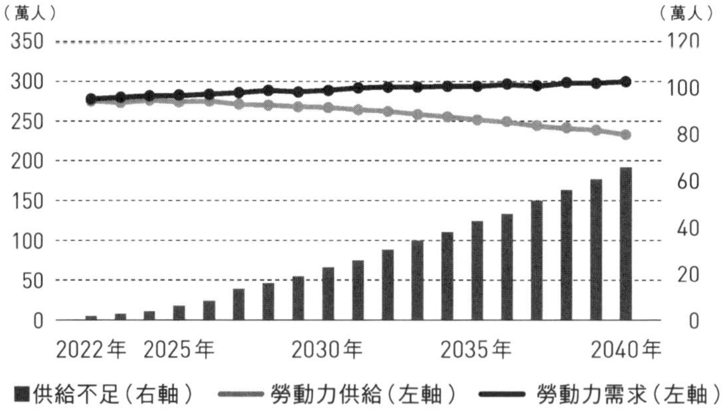

*例如：建築業人員、土木業人員、電力工程人員。

3. 製造工程

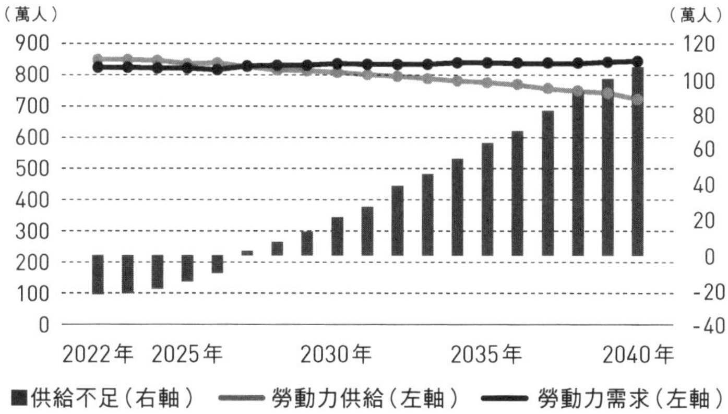

*例如：產品製造、加工業人員、機械組裝與機械整備修理人員。

4. 商品銷售

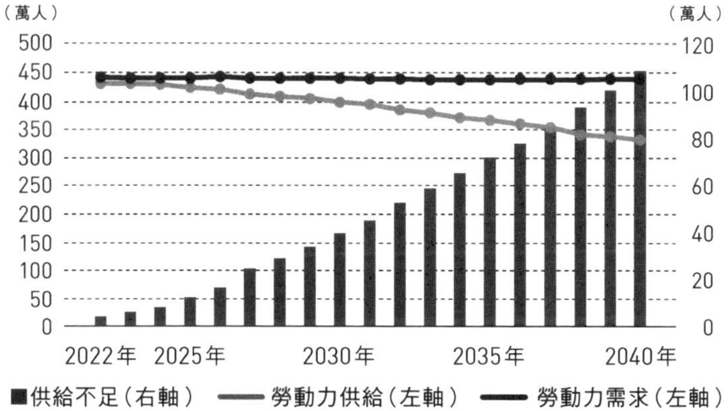

*例如：零售業老闆、店長、店員、到府拜訪客戶與推銷商品的人員。

5. 長照服務

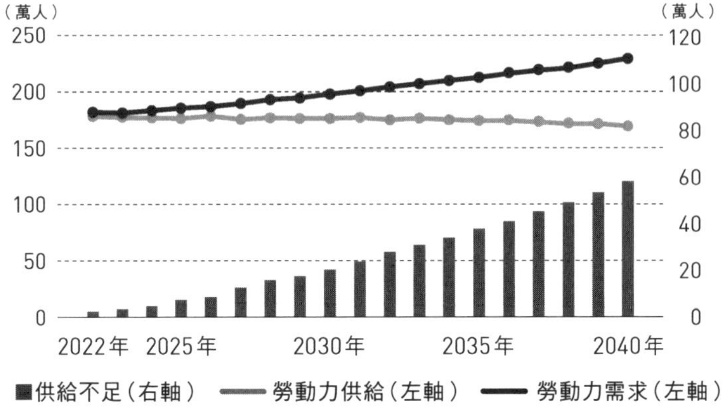

*例如：照服員、居家照護人員。

6. 服務業、餐飲業

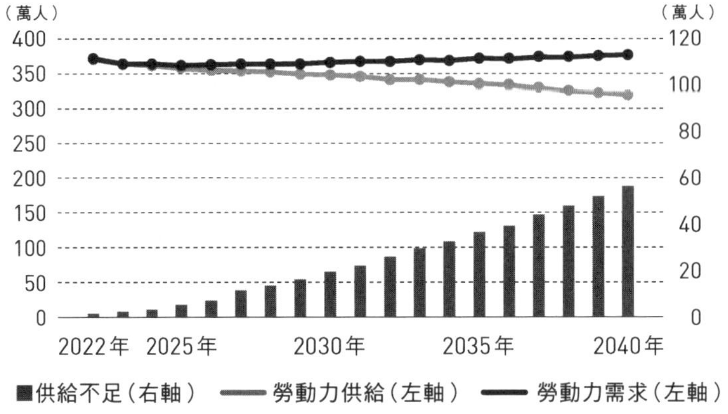

*例如：負責烹調食物的人員、服務客人的人員。

7.保健醫療專業

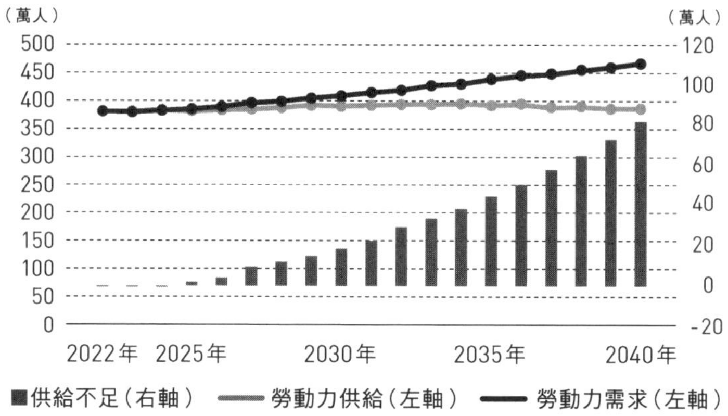

*例如：醫師、牙醫、護理師、藥劑師、保健諮詢師、醫事檢驗師。

8.其他職業（行政、技術人員、特殊專業）

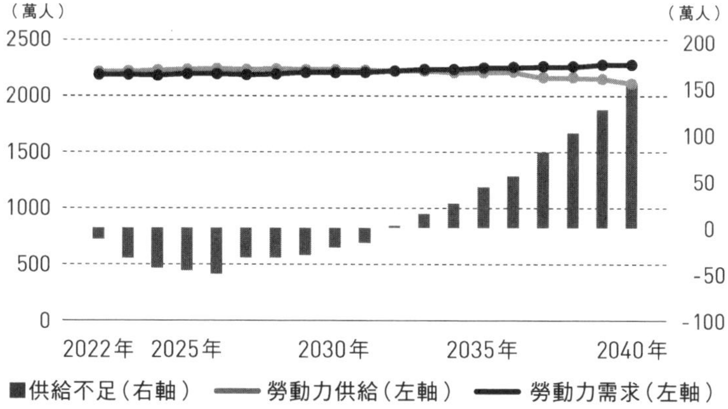

*例如：行政職、技術人員（機械技術、軟體技術）、教師、特殊專業人員。

勞動力充足率低於七五%的區域有三十一處

前面提過，日本在二〇三〇年將出現三百四十一萬人以上的勞動力供給缺口，到了二〇四〇年，這個數字將攀升至一千一百萬人。不過，各都道府縣的產業結構不同，產業與職業當然也不同。接下來要說明的是，針對各都道府縣模擬生活維持服務的勞動力充足率。

如同前述，將以生活維持服務的七種職業合計值說明各都道府縣的狀況。

請先看圖9，這是標記生活維持服務勞動力充足率的日本地圖。顏色越淺的部分代表勞動力充足率越高，勞動力供需落差越小，勞動力不足的程度越輕微；相反地，顏色越深的地區則代表勞動力供需落差越明顯。

這份資料的重點在於，都會區與外縣市區的勞動力供需落差出現不同的傾向。以埼玉、東京、千葉、神奈川、大阪、福岡這類都會區為例，勞動力供需落差比其他區域來得不明顯。

圖9：2040年生活維持服務的勞動力充足率

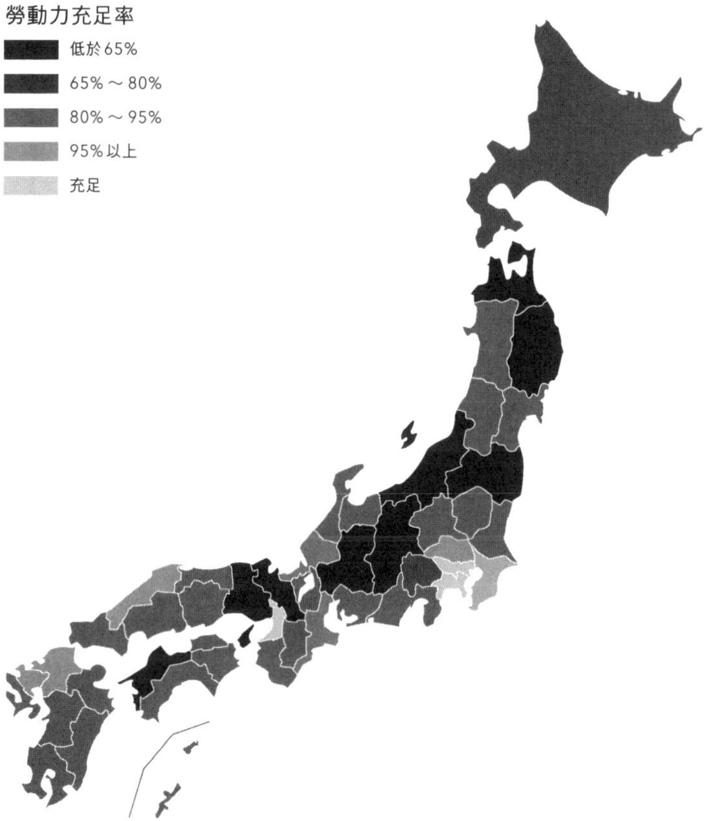

資料來源：Recruit Works研究院。

此外，到了二〇三〇年後，宮城縣的勞動力供需落差似乎也不會繼續擴大，原因是人口流入。從日本總務省統計局的《住民基本台帳人口移動報告二〇二〇年結果[18]》來看，前述的都會區皆有許多人口流入。

由此可知，人口越集中，該地區越有機會創造新的勞動力需求，也會有更多勞動力流入，藉此填補這些需求，這麼一來，都會區的勞動力供需落差也就不會繼續擴大。反觀外縣市區的勞動力供需落差之所以會不斷擴大，在於情況與都會區恰恰相反，明明有一定的勞動力需求，卻無法獲得足夠的勞動力，填補勞動力需求的缺口。

圖10是剛剛在日本地圖上標記的二〇四〇年生活維持服務勞動力充足率與二〇三〇年的數值，還請讀者一邊比對，一邊瀏覽。

從圖10中可以發現，**生活維持服務勞動力充足率最低的是新潟縣，只有五八%**，跌破六成代表生活維持服務所需的人力只剩下一半。同樣的情況也在

---

18 https://www.stat.go.jp/data/idou/2020np/jissu/youyaku/index.html。

圖10：生活維持服務的勞動力充足率趨勢

	2030年	2040年
北海道	91.7%	65.3%
青森縣	88.1%	64.7%
岩手縣	85.5%	59.1%
宮城縣	93.9%	70.7%
秋田縣	89.6%	73.7%
山形縣	87.4%	65.1%
福島縣	83.1%	62.9%
茨城縣	91.3%	69.1%
栃木縣	88.9%	67.6%
群馬縣	92.0%	70.0%
埼玉縣	95.8%	95.6%
千葉縣	充足	充足
東京都	充足	充足
神奈川縣	充足	充足
新潟縣	84.8%	58.0%
富山縣	90.6%	73.1%
石川縣	95.6%	79.0%
福井縣	94.1%	82.0%
山梨縣	94.0%	79.2%
長野縣	86.3%	60.1%
岐阜縣	88.3%	64.1%
靜岡縣	91.7%	70.3%
愛知縣	92.9%	70.4%
三重縣	93.5%	81.6%

	2030年	2040年
滋賀縣	92.7%	76.7%
京都府	86.0%	58.6%
大阪府	充足	充足
兵庫縣	88.4%	62.9%
奈良縣	92.7%	77.6%
和歌山縣	93.6%	77.3%
鳥取縣	88.4%	69.0%
島根縣	95.7%	89.1%
岡山縣	91.8%	70.2%
廣島縣	90.9%	69.0%
山口縣	88.9%	69.4%
德島縣	86.6%	65.7%
香川縣	89.5%	73.6%
愛媛縣	87.9%	63.6%
高知縣	89.0%	69.2%
福岡縣	充足	93.1%
佐賀縣	93.0%	80.2%
長崎縣	90.5%	73.8%
熊本縣	90.2%	69.7%
大分縣	93.9%	79.3%
宮崎縣	85.1%	65.3%
鹿兒島縣	89.8%	71.1%
沖繩縣	91.9%	71.8%

*勞動力充足率（%）＝勞動力供給推估量 ÷ 勞動力需求推估量。此外，勞動力充足率超過96%代表勞動力供需平衡，也標記為「充足」。
資料來源：Recruit Works研究院。

只有五八・六％的京都府出現，都是勞動力充足率極低的情況。

新潟縣與京都府的共通之處在於，「雖然具有一定的經濟規模，但也有觀光業、製造業這類『針對外部的產業』，卻缺乏維持在地居民生活品質的人力」。這兩個地方的人口規模都超過兩百萬，國內生產毛額（縣內產值）也介於八兆至十兆日圓左右。

此外，這兩個地方除了具備新幹線這類交通上的便利外，近年來，有越來越多的外國人造訪，所以相關服務和製造業需求也跟著增加（出口導向產業）。這類能夠帶動經濟成長的產業的需求增加絕對不是壞事，但若無法解決勞動力不足的問題，就無法魚與熊掌兼得。出口導向產業有可能較有吸引力，會帶走維持在地生活品質的勞動力。

其他具有一定經濟規模，也有針對外部的產業的地區，同樣會遇到這類結構性問題（比方說，勞動力充足率第四低的長野縣（六〇・一％）、第五低的兵庫縣（六二・九％）都有這類問題）。明明勞動力減少，卻要魚與熊掌兼得的幾個地區，都會是這類問題最顯著的地區。

此外，岩手縣是生活維持服務的勞動力充足率第三低的縣市，勞動力充足率只有五九．一％，情況與同樣跌破六成的新潟縣、京都府一樣嚴峻。不過，岩手縣的人口規模只有一百萬人左右，經濟規模也屬於日本全國的中段班（二〇二二年為第二十九名）。雖然依舊維持生活品質，也得吸引外國觀光客，但是工作年齡人口減少及人口流入鄰近縣市的問題比較嚴重。

生活維持服務的勞動力充足率低於七五％的地區共有三十一處，這代表需要四名人力的工作只找得到三名人力，如此大範圍的勞動力供給受限將會讓生活無法維持目前的品質，在地居民的生活甚至有可能會陷入困難；相反地，**勞動力充足率超過九〇％的都府縣只有六個**[19]。

19 標記為「充足」的都府縣的勞動力充足率都落在一〇〇％左右，勞動力充足率最高的東京都甚至是一〇八．九％，屬於供過於求的情況。

人口僅六十七萬的島根縣，為何勞動力供需落差不大？

在此，想特別介紹島根縣（勞動力充足率八九．一％）這個特殊的縣市。前面提過，大部分的外縣市都有勞動力供需落差明顯的問題，但是總人口數僅六十七萬人的島根縣，人口總數雖然比東京的一千四百萬人少了二十倍，勞動力充足率卻高達八九．一％，勞動力供需落差也比其他縣市來得小。由此可知，島根縣似乎與「人口不斷流入的都會區」有著不同的情況，那麼島根縣到底發生了什麼事？

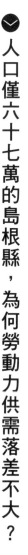

如同前述，本書在模擬時，是先計算全國的勞動力供需，再利用全國人口普查資料按比例分配給各都道府縣與各種職業，並未個別反映各都道府縣的政策和文化。所以雖然可能只是某種假設，但是想在此介紹島根縣的「女性就業情況」。

島根縣的「島根女性活躍推進計畫」整理了島根縣女性的現狀，指出島根縣職業婦女的比例高居日本全國第一，一邊帶小孩，一邊上班的女性比例也是日本全國第一（根據全國人口普查資料算出）。有人認為，這是因為家事、育兒、照護這些負擔都落在女性身上，但是一句「勞動力供給缺口較小」無法說明所有的狀況，島根縣的例子有可能提供外縣市解決勞動力供給受限的線索，現在的小苗可能會在未來長成大樹。

讓模擬開啟未來的大門

在第二章最後，我們要提出對於這個模擬結果的兩個看法：其一是希望大家了解這個模擬結果絕對不是在說「二〇四〇年一定會變成這樣」；其二則是希望大家根據這個模擬結果，想一想自己能夠做什麼。

首先要說的是，這個模擬模型是根據「過去的社會」預測未來，也就是利用過去的資料建置模型，再預測未來的勞動供需。換句話說，這個模擬模型的前提是這個以過去為起點的模型在未來也適用。

在此要透過一個具體範例說明，前面提過，在勞動力供需模擬模型中，只有女性分成有配偶與無配偶這兩個群組，男性的部分則沒有分組。這意味著男性的勞動力參與率不受配偶這個因素影響，而女性的勞動參與情況卻會受到配偶這個因素影響。話說回來，從傳統日本社會來看，這一點也不令人意外，因為一直以來，日本社會都有這種女性該做什麼、男性該做什麼的文化。

對此，我覺得「日本的雙薪家庭正在增加，因此無論男性還是女性，也不管有無配偶，在未來都很有可能參與勞動，即使沿用這次的模擬模型，男性與女性也不再需要考慮配偶這個因素」。

從ＪＩＬＰＴ提出的勞動力調查資料[20]可以發現，雙薪家庭的數量從二〇〇〇年開始超越全職主婦家庭，到了二〇二二年之後已達一千兩百六十二萬戶，全職主婦家庭只有五百三十九萬戶，雙薪家庭的戶數遠遠超過。

如果詢問「所以可因此調整模擬模型嗎？」答案是否定的。既然要使用過去的資料，就必須建立符合當時社會、勞動力、僱用情況的模型，否則該模型就無法說明資料，推估的結果也不具任何意義。

此外，模型是根據先行研究建置的結果，具有一定的邏輯性，並非研究者的直覺或靈感（儘管直覺或靈感可以催生研究的主題）。「應該是這樣」的這種理想論和現實通常是不一致的，所以這次才會使用與ＪＩＬＰＴ一樣的模型，進行相同的模擬。

二〇四〇年的社會情況與勞動力情況，當然不會和這個模型的前提完全一致，也絕對不能一致。**如果不打造一個任何性別、任何年齡的人都能有所貢獻的社會，今後的日本將無法維持生活品質**。不過，這一點算是根據各種假設預測未來的模型本身的限制之一。

反過來說，這個模型也告訴我們，**了解社會或勞動的體制，就能面對勞動**

20 https://www.jil.go.jp/kokunai/statistics/timeseries/html/g0212.html。

力供給受限這個問題。雖然這個根據人口變化進行的模擬告訴我們「再坐以待斃，一定會變成這樣」，但這樣的未來是有機會改變的。

其次，則是對於未來的任何預測都奠基於現在認為可能發生的劇本。

比方說，在勞動需求模型使用的名目國內生產毛額成長率，就是以政府發表的基線為基礎，勞動力供給模型則是根據國立社會保障．人口問題研究表的未來人口推估數據為基礎。這兩個數值本身就是經由預測得到的，所以當然有可能變動。雖然這次的模擬是以「日本的經濟幾乎不成長，人口一直減少」為前提，但是當我們以不同的前提進行模擬，肯定會得到完全不同的結果。

以未來人口推估數據為例，二〇一七年發表的二〇二五年人口推估數據為一億兩千兩百五十四萬四千人，但是二〇二三年發表的數據則為一億兩千三百二十六萬兩千人，而在二〇一七年發表的二〇四〇年人口推估數據為一億一千零九十一萬九千人，在二〇二三年發表的數據則為一億一千兩百八十三萬七千人（這些數據都是所有年齡層與男女性別的總和）。雖然這些數據只有些微差異，但不難發現這些數值是變動的。

換句話說，我們能做的事情就是不要「坐以待斃」，試著改變社會或是勞動力的情況，藉此避開勞動力供給受限的社會真的到來。

該怎麼做才能讓更多人參與勞動？又有哪些因素讓人無法參與勞動？我們又該怎麼做，才能擺脫勞動力供給吃緊的狀態？如果有資料、有數據，我們才能開始討論。只要我們不對模擬結果悲觀、不自暴自棄，而是透過數值正面看待未來，並且從現在開始踏出具體可行的第一步，一定有機會改變未來。

03

chapter

維持生活的服務萎縮與消失

前面已經提過，勞動力供需模擬結果已勾勒出日本社會的未來樣貌。

・到了二〇四〇年，勞動力供給缺口將超過一千一百萬人

二〇三〇年勞動力供給不足的規模達三百四十一萬人以上，到了二〇四〇年超過一千一百萬人，差不多是整個近畿地區的就業人口完全消失的規模。

・勞動供給的缺口將加速擴大

社會勞動力的供給量（勞動人口）在之後的幾年雖然得以持平，但是會從二〇二七年開始急速減少。二〇二二年的勞動力供給量為六千五百八十七萬人，到了二〇三〇年之後，工作年齡人口銳減，勞動力供給量也將降至六千三百三十七萬人，到了二〇四〇年之後，則會減少至五千七百六十七萬人。

・勞動力需求幾乎持平

整個社會對勞動力的需求量（消費量）持平或微幅增加。勞動力需求量之所以不會減少，在於日本社會高齡人口不會在二〇四〇年之前減少（一般認為，高齡人口的高峰會在二〇四〇年中期出現）。高齡人口對於醫療業、社會福利、物流業、零售業這類勞力密集產業的依賴度相當高，對這些產業的勞動力消費量將有可能繼續增加。

留住人才是最優先的經營課題

一如前述，勞動力供給受限並非單純人力不足而已。問題不在於找不到繼任者，或是找不到傳承技能與數位人才，因為這些都是從產業或企業的立場來看的問題，問題是「日本社會無法提供足夠的勞動力，維持現有的生活品質」。

全國各地像是一日三餐般，不斷地報導各業種、各職業人力不足的問題，但從上述的情況來看，報導的方向似乎有誤。

- 照護職　四〇年度缺少四千兩百人　知事答辯「留住人才，人力吃緊」（富山）
- 九州、沖繩的建築業、運輸業人力嚴重不足
- 因為老舊與技術人員不足的問題，而遍體鱗傷的自來水基礎建設
- 觀光業、餐飲業互相爭搶人才　五成企業有「正職員工不足」的問題　民間調查
- 汽車技工不足　疲於奔命的第一線　修理汽車要等一個月
- 六成設施找不到藥劑師　外縣市、中小企業尤其顯著

- 找不到老師，沒有人擔任級任老師　不願長時間工作　無法填滿缺額，學生只能繼續自習（大阪）
- 希望成為警察的人明顯減少　靜岡縣各警署透過各種活動，讓民眾體驗警察的業務
- 自衛官不足　在「從根本強化防衛力」的過程之中，遇到少子化與「慢性人力不足」問題

每個人都知道照護業、建築業、物流業的人力不足，假設第一線總是人力吃緊的狀態，服務品質遲早會下降。

照護業的問題會直接影響我們的生活品質，而建築業或物流業的人力不足，會導致房屋的建造速度變慢，或是假日收不到宅配的貨物，而且建築業和物流業的人力不足，也會讓災後重建的速度變慢，由於日本是與災害為鄰的社會，這很有可能造成更大的問題。

觀光業、餐飲業的人力也完全不足。還記得二〇二三年夏天去九州時，餐廳老闆告訴我：「雖然想接待更多客人，但是員工很有可能因此辭職，所以現在只好改成完全預約制，也只能減少座位數。」

此外，旅館老闆也告訴我：「之後還有可能會發生新冠病毒這類疫情，所以要趁賺得到錢的時候多賺一點，否則根本養不起員工。現在只能拜託員工多接待一點客人，然後提供員工臨時獎金作為補償。」雖然餐廳老闆與旅館老闆的經營方針不同，卻同樣都遇到人力不足的問題。

由於外國觀光客增加，觀光業與餐飲業面臨勞動力供需嚴重失衡的問題。**對這類產業來說，留住人才是最該優先解決的經營課題。**

必要行業工作者不足

勞動力供給受限不會只在模擬的職業發生，無論是什麼職業都已經出現勞動力供給受限的問題。我們在進行相關調查之後，也是驚呼連連，接下來列出的例子不過是冰山一角。

汽車技工這類與設備檢修有關的工作，也出現人力不足的問題。我們常常聽到「駕駛不足」這類消息，但是說不定駕駛連「安全地、正常地開車」這件事都求之而不可得。除了汽車外，火車、飛機也都發生相同的問題。

鐵路公司與公車公司曾發表下列的言論：

「火車的司機員不足問題或許還可以靠著自動駕駛解決，但最大的問題在於軌道維修技師與電車檢修人員、站務員不足。其實司機員只占少數，鐵路正常運作所需的人員有四分之三都是這類人員和維修技師，而這類人員也是目前最為欠缺的。」

一旦讓那些承載乘客與貨物的機械正常運行的檢修人力不足，這些機械就無法正常運作，我們的生活也將停滯不前。

藥劑師也有人力不足的問題，這個問題在外縣市尤其嚴重。一提到醫療從業人員，大部分的人都會想到在醫院服務的醫師、護理師、技師及各種專業人員，但照顧我們健康的必要行業工作者並不只是在醫院存在，說得更精準一點，我們需要的不只是那些被稱為專家的必要行業工作者，有許多工作如果沒有必要行業工作者的協助將無法完成。

學校的老師也不足，其實這早已是眾所周知的熱門話題，而且我也親身遇到下述這個事件。

朋友有一個正在念小學的孩子，聽說這個孩子的班級沒有級任老師，所以由副校長「代班」。由於找不到老師，所以不需要帶班的副校長明明是管理職，卻還是得跳下來當級任老師。一問之下才知道，這類班級的老師有可能在年度中才上任，所以可能一年還沒過完就更換級任老師。有家長就曾在班級說明會上提出：「為什麼我家小孩非得進入沒有級任老師的班級呢？」（想必副校長也很想抱怨師資不足的問題）。

問題的確是師資不足，但是卻完全看不到任何改善的跡象，所以這並非暫時性問題。一旦這個傾向擴大，幾年後很可能會有家長問「為什麼我家小孩的班級會有級任導師」這種問題。

想成為警察或自衛官的人明顯不足

最後要舉的例子是警察、自衛官這類保障生活安全的工作，也越來越缺乏人力。雖然警官的人力問題還沒有浮上檯面，但其實應徵者正在急速減少，所以這不啻為幾年後會引爆的大問題。

以鹿兒島縣警為例，二〇一四年度的應徵者為一千零二十五人，但是二〇二三年為三百八十七人[21]。看到這個數據，我不禁懷疑自己看錯。**短短十年，減少了六成之多。**對於警官的需求當然也會有所增減，需用名額也可能過多

21 《南日本新聞》，二〇二三年五月三十日。

或不足，但是社會大眾對警官的需求，不太可能在這短短的十年內「減少六成」，身為一個在日本社會生活的人來說，我對這種情況實在感到不安。

至於大阪府警方面，二〇一八年度的應徵者為一萬人左右，但是到了二〇二二年之後，減少至六千七百八十九人[22]，短短幾年減少了三成以上。不管是大都會還是外縣市，想成為警察的人正在急速減少。警官與消防隊員的人力不足，很可能發展成難以忽略的社會問題。

除了人口變化的問題之外，民營企業也積極地改革工作方式與提高薪資，所以公務員的待遇或是工作環境，就顯得不像以前那麼有吸引力。

在此想請大家仔細回想一下，民營企業之所以會競相提高待遇及改善工作環境，在於很難招募到年輕員工。**由於勞動力供給不足，民營企業被迫透過加薪、改善工作環境，「爭搶」年輕員工，導致無法一起競爭的政府難以募得公務員。**沒錯，一切都是勞動力供給不足造成的。

自衛官的情況也一樣，在二〇二一年之前的十年內，應徵人數減少了二六%，而二〇二二年雖然預計招募九千兩百四十五人，但實際應徵到的人數卻只有四千三百人，「徵才計畫」大幅未達標，如果是民營企業的話，負責徵才的人早就被開除了。我們都知道，自衛官是人民的安全保障，每逢災難發生時，他們更是不容忽視的存在；除此之外，許多人也提出「防衛力倍增」這個目標，但是今後的日本真能提供足夠的人力，讓自衛隊達成任務嗎？

在此列出的職業真的只是冰山一角。不過，大家應該已經知道，勞動力供給不足會讓我們的社會變成什麼模樣。

維持我們生活的專業人士，以及支持這些專業人士的人力都不足，企業也為了爭奪人才而進行各種競爭。

接下來的話題雖然有點偏離主題，不過我認為，不適合用來解決勞動力供給不足問題的解決方案，就是「從人力充沛的領域將人力調往人力不足的領

---

22 《朝日新聞》，二〇二三年二月二十六日。

域」，也就是「讓人力移動」的想法。區域振興，也就是地方振興計畫經常祭出各種鼓勵移住的政策，**但日本的人力本來就不足，也就是所謂的零和賽局或負和賽局，所以不是挖東牆補西牆就能解決問題**，意思是一旦人力移出，原本的地區就會缺少人力。

各業種也不能透過這種方式解決人力不足的問題。假設想透過改革工作方式解決照護人力不足的問題（革新工作方式當然也很重要），會發生什麼事？很有可能會輪到護理師或醫事檢驗師這類醫療從業人員的人力不足。假設為了解決師資不足的問題而大幅提升教師的待遇，就有可能輪到警官或消防隊員的人力不足。

由於勞動力供給的絕對數量不足，所以就整個社會來看，爭奪人力絕對不是解決問題的方法，改善特定職業的待遇也無法解決問題，而這就是勞動力供給受限社會的真面目。

之所以要想辦法讓每個人在不同的場域發揮更大的力量，正是基於上述的理由。這部分將在第五章之後的「解決篇」進一步詳述。

生活變得不方便，就沒有時間工作

各領域的人力將越來越拮据——在模擬生活維持服務的勞動力供需之後，才敢大膽揭露這個真相。以下提出的數字都來自模擬結果。

・因為缺乏駕駛，有些地區將無法收到貨物

（二〇四〇年的駕駛人力不足率預測為二四・一％）

「貨物能否送達」將由住在哪裡決定。日本將有四分之一以上的地區無法收發貨物，也會變得無法居住。

・長照設施因照護人力不足，導致無法補齊人力變成常態

（二〇四〇年的照護人力不足率預測為二五・二％）

之前可以一週提供五天居家照護服務，但現在幾乎是每週有一至兩天會突然接獲「照護人員無法到府服務」的通知。如此一來，高齡者與高齡者的家族必須自行照顧家人，整個家庭的生活也將陷入困境，有工作的家人甚至必須放棄工作。

・建築業的工地主任或工頭的人力慢性不足

（二〇四〇年的建築業人力不足率預測為二二％）

只有七八％的道路能夠維護，外縣市的道路有可能變得坑坑窪窪，也可能不時傳出橋梁塌陷的意外。如此一來，將導致塞車，移動時間也會變長，做什麼事情都得耗費更多時間。

・找不到足夠的醫療人員

（二〇四〇年的保健醫療專業人員的人力不足率預測為一七．五％）

將變成醫院空有設備，沒有醫師、護理師這類醫療從業人員的狀態。就算是能夠營業的醫院，門診也將大排長龍。去醫院看病這件事會變成需要耗費一整天才能完成的任務。急診室也空不出位子，救護車排隊等著進入醫院的情況將變成常態。

容我重申一次，勞動力供給受限社會最令人擔心的，便是生活維持服務無以為繼這件事。從我們模擬的結果來看，上述的未來已迫在眉睫。貨物的配送、垃圾處理、災後重建、道路除雪、育幼服務、照護服務，這些我們平日蒙受其惠的「生活維持服務」，都是由許多不可或缺的人力提供的。

我們認為二〇四〇年的日本將因為勞動力供給受限，而無法維持這些生活維持服務，我們的生活也將變得極度不便，進而發生下列的狀況。

- **就算是白領階級，也要面對因為人力不足而下滑的服務品質，甚至無法獲得需要的服務**

就算努力工作，也無法得到需要的服務，導致無法將時間全部用在工作上。這意味著當生活變得不便時，就沒有足夠的時間工作。

- **第一線人員因為人力緊繃，沒有餘力培養後輩或新進人員**

中小企業有可能因為找不到傳承技術的人而被迫停業，大企業有可能因為找不到年輕員工，導致資深員工或銀髮族必須加班，才能完成所有的工作。

勞動力供給不足這個問題，不僅會影響都會區白領階級的生活，也會影響所有人的生活，會有許多人因為「**生活過於不便而沒有時間工作**」。

沒有餘力創新

「生活過於不便而沒有時間工作」，將會導致以下的惡性循環。

當生活變得窘迫，無法正常工作時，每個人就無法透過自己的專業為社會做出貢獻，需要這些專業的人們也會因此變得無法正常生活。如果找不到年輕員工，無法培育下一代的人才，現職員工就必須一直工作到八十幾歲、九十幾歲，直到油盡燈枯為止。

生活與工作本來就是息息相關的關係，生活維持服務的勞動力供給不足問題，當然也會改變所有人的生活型態。社會的經濟活動將長期停滯與萎縮，維持生活所需的各項服務也將消失，生活品質跟著下滑。

當生活層面的負擔變重時，我們便會陷入人才難以嶄露頭角，勞動力供給不足的問題變得更加嚴重，生活變得很困難的惡性循環。

經濟社會也將出現規模更大的惡性循環。

由於大部分的勞動力都得用來維持生活，所以尖端領域將無法優先取得人才，經濟成長將因此停滯，如此一來，生產力將無法提高，更多的勞動力也被迫流入生活維持服務。

從經濟社會的角度討論勞動力供給受限這個問題，再預測日本的經濟之後，將會發現「沒有足夠的人才開發提高生產力的技術，也沒有足夠的人力打造理想的社會，而當生產力無法提高，就更沒有餘力創新」這個劇本，這個劇本可以說是讓人怵目驚心，每個人也都擔心日本社會將「走到盡頭」。

就全世界來看，這是人類社會首度遇到的困境，日本也必須想辦法面對這種前所未有的困境，而且要趁著所有勞動力都得用於維持日常生活之前，就想辦法解決這即將到來的危機，以免落入沒有餘力執行解決方案的困境。

勞動力供給不足將觸發典範轉移

由於人口動態不會出現大幅變動，所以堪稱是最準確的預測，勞動力供給受限社會恐怕也是無可避免的未來。這種變化不僅影響勞動社會，也將對我們的生活造成深刻的影響，企業也將被迫改變經營方式，人們也不得不改變原本的工作方式。

勞動力供給模擬說明人與社會之間的關係，也暗示著今後可能出現大型的典範轉移。

同時也告訴我們，現在的人力看似嚴重不足，但一切不過是剛開始。**若從二〇四〇年回頭看現在，想必最符合現在徵才情況的一句話就是「當年是最容易找到人才的時候」**，因為徵才情況一年不如一年，今年比去年更難找到人才，而明年也比今年更難找到人才。

其實已有許多人**親身感受到徵才的困難，這讓企業更積極地徵才，也為了掌握需要的人才而彼此競爭，或是試著改變經營策略，調度資金與開發新商品，透過這些前所未有的創舉吸引人才。**

04
chapter

缺工導致第一線與地方企業的困境

地方企業與地方政府的迫切感

如今的日本已無法忽視勞動力供給不足的問題，雖然工作年齡人口比率下滑的問題，接下來才會真的造成影響，但是有些地方已經因為勞動力不足而出現各種病徵。

我們為了研究這個課題，除了待在研究室之外，也親自前往各地，感受當地的危機，試著以邊做邊學的方式舉辦座談會，並且和地方政府合作。

本章將以勞動力供給受限的觀點，整理我們在各地的所見所聞。在這個多數產業與職業都人力不足的情況之下，到底地方企業與地方政府遭遇了哪些第一線的問題？在進入第五章的「解決篇」之前，我們想先和大家分享現況。

本章的內容或許早已是各地區產業的日常，那些在人力極度不足的產業服務的人員或許也會覺得，「現在才討論這些問題為時已晚」。

不過我們認為必須讓更多人了解，勞動力供給不足這個情況在各地造成哪些問題，也必須讓更多人了解「第一線」的狀況，才能進一步討論勞動力供給受限這個問題，因此在本書「課題篇」的最後，我們打算帶著大家了解日本各地區及在地產業的狀況。

首先要介紹的是，非常了解地方企業感受到哪些威脅，也已經開始邊做邊學，試著力挽狂瀾的董事長的意見，希望大家能從中了解，那些意識到問題的地方企業的心聲。

案例一：在地企業紛紛爭搶年輕員工

東北地區・製造業中小企業A公司・董事長

A公司是一家擁有一百多位員工的公司，至今已創立超過一百年，是當地居民無人不知，無人不曉的知名在地企業。現任董事長在繼承家業之後，便大刀闊斧地投資設備，引進最新的機器。在我拜訪這家公司時，剛好遇到某家全球企業正在參觀工廠，當下覺得這家全球企業有可能看上該企業的技術。到底這位在地A公司的董事長，如何以經營者的角度看待人力不足這個問題？

找不到負責生產線的人才

「人力不足的問題是亟需優先解決的經營問題。慶幸的是，設計師與業務的人力尚且足夠。不過真正的問題在於，完全找不到在生產線實際製造產品的人才。我們其實採用不少從其他工作跳槽過來的員工，卻沒有人應徵現場作業人員。由於各家企業都使盡渾身解數搶人才，所以這些人才有可能都到條件更好的公司吧……」

完全找不到猶如製造業生命線的生產線人才，感受到危機步步進逼的A公司也試著盡其所能，想辦法解決問題。

「我們公司很積極地改善工作環境，尤其是想要打造出適合女性發揮專長的工作環境。或許是因為這樣，我們公司已經有四五％的員工是女性，也已經被厚生勞動省認定為適合女性工作的優良企業，還取得相關的『L星』標章[23]。之所以這麼努力，全是因為如果不先打造適合女性發揮專長的工作環境，就無法解決人力不足的問題。而且我們也試著打造不需人力的自動化工作環境，藉此改變製造業在大眾心目中的『3K』〔骯髒（Kitanai）、危險（Kiken）及辛苦（Kitsui）〕印象。」

23 譯注：L為Lady（女性）的意思。

地方中小企業到底應該怎麼解決人力不足的問題？我們已經看到這些中小企業邊做邊學的決心。A公司除了改善工作環境，也已經提高薪資待遇。

「我一直都在想，該怎麼做才能在員工減少的情況下，有效率地分配人力。由於現在的社會風氣非常強調『調薪』這件事，所以要調高每個人的薪水，就必須讓工作更有效率。身為董事長的我也希望調高員工的薪水，尤其想讓年輕員工與努力工作的員工得到應有的報酬。這幾年來，敝公司都不斷地調高基本工資，今年的調漲幅度更是近年來最高，這一切都是為了解決人力不足的問題。」

改善工作環境、調高薪資之後，也能發現這位董事長想將公司打造成吸引男女老少各種員工的樣子。令人驚訝的是，身為公司高層的董事長非常了解實際的徵才情況。

「敝公司本來就有一些銀髮族的員工，如今超過六十歲以上的員工也有十五位，今後應該會更多。『我離退休還早，我還想工作』的員工越多越放心。

我們當然也會採用年輕員工。在僱用應屆畢業生的部分，我們每年都會接受十位左右的大學實習生，讓他們來公司實習兩週左右，有些實習生在畢業之後，會來我們公司上班。其實接受實習生是一件不容易的事情，但也算是一種早期投資。面試時，總是會被問到『週末、週日一定會休假嗎？』『很常加班嗎？』這類問題（笑）。」

年輕員工越來越稀少

A公司董事長還算是年輕的經營者，也是在年輕時代就經歷雷曼兄弟事件的世代。相較於當時的就職情況，如今的學生更敢在面試時直接詢問待遇與休假這類福利，這也讓他十分吃驚。

不過在地方企業聊到徵才的事情時，就算是第一次見面的董事長，似乎都覺得學生想了解待遇是理所當然的事，這不是學生改變，而是社會改變了，每一位人才，尤其是年輕人才變得越來越稀少，也越來越有機會在條件更好的公司上班，所以又怎麼能怪他們在找工作時，想要了解待遇與休假的福利？

「我一直覺得要花更多心思向學生宣傳公司的優勢，因為今後會越來越找不到人才，年輕員工也會越來越珍貴，而且在地企業也會為了搶到當地的年輕人而使盡渾身解數，光是想到這一點就讓我毛骨悚然，我也一直在思考公司與地區該怎麼存活下去。」

最後還聽到這段話：

「剛生完小孩的女性員工跟我說，她想要攻讀研究所，我也一口答應她的要求，這是因為我覺得公司必須聲援她這種想要繼續學習的心情。就算因為重拾書本或副業，導致在公司工作的時間變少，擁有各種經驗的人往往更能拿出成果，所以即使在公司上班的時間減少，我還是希望每位員工能夠多學一點東西，多吸收一點知識，我也認為這麼做，才能讓公司在這個人才越來越珍貴的社會存活下去。」

我聽完這些心聲之後，深刻地體認到，即使是這麼有危機意識的公司，即使是先行投資設備，改善工作環境的企業，也必須在耗盡心力才能留住員工這一點。最讓我感到衝擊的是，這位董事長明確地感受到**「在不久的未來，在地企業一定會競相爭取當地的年輕人」**，時至今日，我仍然忘不了董事長那句忍不住在採訪當下說出的「毛骨悚然」。

案例二：因為人力不足而被迫倒閉

東海地區．非營利團體．B代表

接著要介紹的是在東海地區設立據點，支援當地人才培育團體的代表心聲。這個團體從二十年前開始，幫助當地中小企業培養人才，也根據當地企業的狀況提供各種協助，是以培育當地人才為活動主軸的團體。

我們請教這位代表，在活動過程中看到什麼樣的第一線。儘管這位代表謙虛地表示：「我有的只是在和大量當地企業接觸後，累積而來的親身經驗而已。」但我們還是聽到下述這類意見。

沒有餘力製作員工餐

「越來越多公司因為人力極度不足，導致平常能做得到的事情都做不到。比方說，當地的某家旅館一直購買在車站販賣的便當，我原本以為這家旅館只是為了服務住宿客與觀光客，才會委託車站銷售便當，沒想到一問之下才知道，事情不是我想的那樣，單純只是『沒有餘力製作員工餐』而已。

換句話說，這家旅館的廚房沒有多餘的人力準備員工餐，只好向其他販售便當的地方購買便當。旅館當然得供餐給員工，但是卻因為人力不足，所以沒辦法準備員工餐，每天的人力都非常緊繃。這些本來做得到的事情都因為人力不足而做不到之外，在長期人力緊繃之下，有越來越多的事情做不到了。」

這種沒有多餘的人力準備員工餐，所以買便當解決，當然也可以解釋成刪減原本就很多餘的業務，但是當勞動力越來越不足，這家旅館真的能順利守住本業嗎？

「某家歷史悠久的在地釀造公司也因為找不到員工，而來找我們商量。這家公司提到，一直找不到最需要的現場工作人員。由於行政機關和地方政府都已將人力不足視為重要的問題，所以行政機關也祭出多種幫助公司找到年輕員工的解決方案。不過，那家釀造公司似乎還是覺得，『我們當然很歡迎行政機關的幫忙，但是實在不知道什麼時候才能走出這種看不到未來的困境。再這樣下去，遲早會因為人力不足而倒閉』，每天都在煩惱這件事。」

「什麼時候才能解決人力不足的問題？」這是許多中小企業的心聲。不管是歷史悠久的公司、以技術聞名的公司，還是提供社會必要產品或服務的公司，都遭遇這個問題。這些公司每天都為了找不到人力、做不到原本做得到的事情而不安，每天也都在和這股不安的心情對抗。

案例三：明明是淡季，卻每天拒絕上門的生意

東北地區．保全業中小企業C公司．董事

我們也採訪在各種場域顯得越來越重要的保全公司，詢問他們第一線發生了什麼事。接下來是在建築工地、道路維修這類工地，負責引導交通或擔任警備工作的企業的心聲。

「整個地區想要擔任保全的人越來越少。過去市內的保全公司共有三百名保全，但這三、四年內減少到兩百人左右，導致明明現在是淡季，卻每天都在拒絕找上門的工作。說得更精準一點，工地似乎無法正常運作，我覺得這是因為建材價格不斷高漲，人力也不足。就算思考十年後、二十年後的第一線情況，最近很熱門的ＡＩ（人工智慧）又能對我們現場的工作帶來多少效果……」

道路維護這類基礎工程都需要有保全在一旁引導交通，而C公司負責的就是這類業務，但是整個地區，乃至於整個產業，擔任保全的人力卻迅速減少。

保全的工作給人一種「要一直站著就很累」的感覺，所以更是招募不到人才。雖然也有像C公司那樣試著改善工作環境，或是透過其他方法改善徵才情況的公司，但還是無法做到以前做得到的事。

「前幾天，市內某處工地就遇到所有保全公司因為人力不足，而拒絕幫忙引導交通的問題。施工時，當然要有保全人員幫忙引導交通，所以該工地只好請其他縣市的保全公司派人支援。聽說建設公司除了支付那家保全公司三倍的價錢，還支付保全人員的交通費和住宿費，可見人力就是這麼不足。」

這就是所有在地的保全公司因為人力不足而拒絕工作，不得不請其他縣市的保全公司派人支援的狀況。雖然那家建設公司還有能力支付幾倍的價錢，讓工地得以順利開工，但是當人力更加不足，必須拜託更遠的保全公司支援時，工程真的還能安全進行嗎？勞動力供給不足的問題，真的讓這些原本理所當然的事情，變得不那麼理所當然了。

案例四：再這樣下去，汽車檢驗制度將無法維持

東海地區・汽車維修業D公司・董事長

沒有汽車技工，被迫停業

以下是負責檢驗卡車、房車的汽車維修業經營者的心聲：

「老實說，從現在的情況來看，再這樣下去，我覺得汽車維修體系很難以維持。根本找不到人，這幾年完全找不到有經驗的員工，汽修科的高中生簡直就像是高不可攀的玫瑰，大家都跑去汽車製造工廠上班。我們這種汽車維修工廠只好僱用普通科的高中生，再從頭開始教。雖然大家都知道大型汽車的維修非常重要，但是維修大型汽車的人力少了非常多。」

就算自動駕駛真的能早日在主要幹道應用，汽車維修業還是有存在的必要。除了卡車之外，一般人的房車也必須檢驗與維修，但現在光是維修大型汽車就已經人力不足了，哪裡還有餘力照顧一般人的房車……。

「汽車檢驗制度將無法維持」這句話告訴我們，結構性的人力不足將會改變現在的一切，也讓人不禁感到一股不寒而慄的巨大能量。

「工作有是有，但是又不得不拒絕。或許你會覺得很不可思議，但這是真實發生的事。而且有些工作是不能拒絕的，所以只能勉強員工處理，結果導致員工辭職，工作環境又因此變得更糟，整家公司也陷入這種惡性循環。

縣內有一家認識的公司告訴我，某位具有國家級運輸證照的專業人員突然離職，而整家公司只有這位專業人員有相關證照，導致該公司不知道該怎麼辦才好。這位專業人員之所以會離職，是因為被其他公司挖角，而且是以年收入近九百萬日圓的特殊待遇拉攏。這家公司的老闆告訴我：『我們公司實在付不起這樣的薪水。』

在地的汽車維修公司真的有很多家因為沒有汽車技工，而被迫『停業』。這就是所謂的『供不應求』吧！所以工作雖然會流向還存在的公司，但是實在不會讓人覺得這樣很幸運，對吧？」

「工作有是有，但是又不得不拒絕」，這些汽車維修公司就是如此需才孔急，在地企業也以有違慣例的待遇爭搶為數不多的人才。

這對勞工來說當然不是壞事，但是當勞工的人數少於該地區需要的人力，生活維持服務的品質就會不斷降低，而當所有工作都流向為數不多的勞工，這些勞工也無法全部承接。

「供不應求」這句話充分說明，明明工作上門，卻因為人力不足而不得不拒絕的情況，以及該地區的生活維持服務難以持續，也讓人留下深刻印象。

案例五：人力不足而不得不減班

東海地區．客運公司E公司．董事長

人力不足，公車班次逐漸減少，公車路線陸續廢除

接下來介紹以當地高齡者為服務對象，讓在地居民得以平安出門的客運公

司經營者的心聲。

「現在還有七十五歲的駕駛，這位駕駛已經退休，是在我一再拜託下，他才又回來擔任駕駛的。我們公司的駕駛，平均年齡為六十二歲到六十三歲，這在過去早就算是年長了。

雖然現在還勉強能夠維持班次，但是明年春天應該會減班，一來是因為乘客不斷減少，但駕駛不足才是主因。由於這個地區的高齡者不斷增加，所以行政機關也不斷地問我們：『難道真的沒辦法再撐下去了嗎？』所以我們才準備減班，但是當我們告訴行政機關，現在人力有多麼不足時，行政機關最後只說：『我們也無能為力。』所以無論是我們公司還是行政機關，都不知道接下來該怎麼辦。現在我們是請在總公司擔任管理職的女性考取站務員證照，擔任第一線工作，想辦法繼續撐下去。」

高齡者的日常生活越來越離不開這類公車路線。進入二〇二三年後，陸續傳出班次減少、路線廢止的報導。在這些報導的背後，是平均年齡六十二．三歲的高齡駕駛撐起在地交通的困境。

這家被迫減班的客運公司，雖然告訴行政機關，人力不足有多麼嚴重，但行政機關卻只是回答：「我們也無能為力。」這一點讓我印象深刻，這意味著哪裡都找不到立刻解決勞動力供給不足問題的萬靈丹。

案例六：配送員主要為七、八十歲，每天無法配送超過一千份

東北地區．配送業中小企業F公司．董事長

接下來，要介紹的是在地物流相關企業的心聲，這是一家負責配送報紙、宣傳手冊、選舉公報的企業。

由高齡者撐起在地配送服務

「報紙的話，通常是配送一萬多份，但是目前每天只能配送一千份左右。

如果問我們是怎麼解決這個問題的，答案是請配送員以外的員工幫忙配送。差不多是在疫情爆發前的二〇一九年，就出現這種人力慢性不足的狀況。老實說，這種狀況已經持續了三、四年，真的撐得很辛苦。雖然每個人的配送量沒有什麼改變，但是配送員的年紀越來越大，尤其最近常在早上，突然接到配送員打電話說：『身體不太舒服。』冬天的話，還會接到配送員打電話說：『跌倒了。』有越來越多的配送員離職。」

這就是高齡者撐起在地配送業的現況，據說這幾年的人力特別不足，這家公司已經快要撐不下去了。在聽到D公司董事長說「撐得很辛苦」後，我們進一步請教第一線的工作現場到底發生了什麼事。

「我們公司配送員的平均年齡為六十幾歲，也有不少是八十出頭的配送員，最年長的配送員是八十六歲。你敢相信嗎？雖然他們都很健康，也很可靠，但還是和正值壯年的員工不一樣，需要更多的照顧。

近年來，有不少聲音希望我們這種挨家挨戶配送的在地公司，負責最後一哩路的配送工作，但這不過是紙上談兵的討論，現狀就是多數員工都已經七十或八十幾歲了，所以無法搬運重物或是大型商品，而且沒人敢說，五年後還能維持相同的配送服務，因為現在不像過去，並不是由壯年員工負責配送了。」

配送工作很難創造利潤

挨家挨戶的在地配送服務居然是由七十、八十幾歲的高齡者負責，這一點讓人大受衝擊。我知道健康的銀髮族越來越多，但他們畢竟還是與正值工作年齡的人不同，必須擔心他們會不小心跌倒或是發生其他的意外。光是想到這些事，就不覺得今後還能維持現在的服務品質。除了大型物流負責的部分外，這些需要各種人力才能完成的服務到底還能維持多久？不禁讓人覺得，這種困境已經近在眼前，化為不容忽視的現實。

「說到底，這就是高齡化問題浮上檯面後造成的結果。在地居民越來越年長，所以需要配送的東西也越來越多，但是卻沒有人能夠滿足這些需求。至於科技又能解決多少現場的問題？而且科技也要等一段時間才能付諸實用，我們根本等不及這些科技派上用場。

不過，還是得從做得到的部分開始做，例如我們在二〇二二年為員工調薪一三%，而且第一線的配送員也調薪三三．三%。其實敝公司是從二〇〇〇年開始調薪，這也是我接掌公司之後第一次調薪。

配送工作真的很難創造利潤，不過都是第一線的員工這麼努力，我們才會被在地居民視為不可或缺的公司，我也下定決心要好好報答這些居民。或許是因為這樣，配送員才會越來越難提出離職……。不過隨著新人越來越少，人力調度也越來越吃緊。」

這位董事長四十幾歲，在當地經濟圈是扮演主要角色的年輕經營者之一。他的這番話讓我更深刻體會到，「人力不足的問題越來越嚴重」這件事，也讓我知道他們試著調薪或是試著透過其他方法，勉力維持現狀。印刷品的配送工作或許會慢慢消失，但是在這段還有人需要這類服務的過渡期，現在的方法又能堅持到什麼時候？

更讓我深刻感受到的是，這家公司的情況不過是冰山一角，而且也似乎正在暗示著，**今後會有更多生活維持服務是由平均年齡「六十幾歲」的工作人員負責**。光是想到這一點，就覺得董事長的這番話的確預告了，我們即將面臨的社會與相關的課題。

調高薪資仍找不到員工

地方的企業經營者也常常提到薪資的行情。

據說某個地區的鐵路公司與客運公司，在二〇二三年的調薪幅度為四．四％。「雖然不花錢就找不到人，但是再這樣調漲下去，十年後，年收入就會漲到一．五倍了。」某位高階主管一邊苦笑，一邊如此說道。

其實許多地方都有類似的情況，我聽過「製造業支付給專業員工的時薪，在這四、五年上漲了二〇％至三〇％」，也有人告訴我：「某家企業因為人事費便宜而興建大型工廠，結果卻因為找不到足夠的人力，導致工廠的生產線無法全數啟動，產能利用率只有五至六成。」

就後者的情況而言，在網路上一搜尋，的確會發現該工廠正在徵求各種職位的人才，而且標注「急徵」的工作機會，都是以高於該縣最低時薪一〇％至四〇％的薪資徵求打工與兼職人員。這意味著人力就是不夠，無論給多少薪水（這幾年也已經調漲二至三成），但還是很難找到需要的人力。

越來越多企業因為在當地找不到人力，而從其他地區尋找人才。關西的某家大型遊樂場在二〇二三年六、七月，首度於九州、四國這些地區舉辦徵求兼職人員的說明會。由於必須離家背井工作，所以似乎會補助交通費、搬家費及房租，算是提供所有能給予的福利[24]；某家外資量販店則是以全國統一時薪

24 「日本環球影城也從九州招募兼職人員」，日本經濟新聞電子報，二〇二三年七月二十四日，https://www.nikkei.com/article/DGKKZO72945420R20C23A7H53A00/。

一千五百日圓的條件徵才，這件事也有不少人知道[25]。

或許是因為這些大企業的舉動，連在外縣市也常常能看到時薪一千日圓以上的徵才消息[26]。一看到這些外縣市的徵才消息，就彷彿看到那些求才若渴的企業，正以不惜一切的條件和其他公司爭搶人才的景象。

「沒人知道該怎麼做才對」

本書當然無法一一說明各地的實際情況，但是為了讓大家多少體會一下當地的感覺，最後要介紹一些關於人力的心聲。希望這些實際發生的情況，能幫助大家了解現在的日本到底遇到什麼問題，以及即將到來的危機。

・東北地區・電力工程領域

相關的經營者提到：「很想找到能實際負責電力工程的人才，但就是找不到……。雖然找到了監工的人才，卻找不到能施工的人。就算想要外包，外包商的人力也不足。再這樣下去，就無法經營了。」

・東北地區・測繪企業

「公司沒有餘力培養人才，也很難只採用在職的測繪員。從自家公司的財務狀況來看，也很難提供符合行情的年收入。如果提供人才願意來應徵的年收入，公司就要倒閉了。」

・東北地區・餐廳

「找不到店長，所以一位店長必須負責好幾家門市的業務，我們也因此被迫有計畫地減少門市。」

---

25 指的是實施會員制的量販店好市多（Costo）。該公司的兼職人員時薪一向較高，從二〇一〇年代中期開始，就已經以時薪一千兩百日圓徵才，到了現在更是繼續向上調漲。

26 比方說，搜尋秋田市的兼職與打工的工作機會之後，會發現時薪的工作機會共有五百五十五筆，其中時薪超過一千日圓的有兩百零五筆（占整體的三六・九%），時薪超過一千兩百日圓的有五十九筆（占整體的一〇・六%）（二〇二三年十二月十九日於TOWN WORK搜尋的結果）。此外，高時薪的工作機會也比同年八月搜尋時增加。

• 北陸地區．大型車輛的維修業

「我們公司負責的是卡車或重型動力機械這類大型車輛的維修工作，但是有許多同業因為難以維持大型設備而倒閉，我們公司也因此接到更多工作。不過，我們的人力也不足，所以只能拒絕工作，或是請員工加班。儘管我們不希望讓員工加班，但是機械工程科系的學生越來越少，所以一直找不到人才，這也讓我們傷透腦筋。」

• 北陸地區．照護業

「照護工作的人力越來越不足，導致銀髮族員工的負擔越來越大，我們也很擔心銀髮族員工因為承受過多的心理壓力，導致他們離職。」（父母都需要照護服務的人）

• 甲信越地區．建築業

「新潟縣的建築業比率雖然比其他縣市高，但是工地的人力也相對不足，目前已經是不得不拒絕工作的情況。再這樣下去，很難想像新潟縣的基礎建設會變成什麼樣子。」

•甲信越地區．建築業

「由於土木工程的監工品質下滑，導致來不及維護那些老舊的基礎建設。尤其現在居住的地區在幾年前發生河水氾濫的天災，在各地造成災害的條狀雨帶似乎會經常出現，所以得趁現在維護基礎建設不可，但是人力實在不足。或許得先從改善工作環境做起，或是降低取得證照的難度，試著從根本解決問題吧！」（在地居民）

•關東地區．製造業

「製造閥門的工作需要具備多項證照的人才，但擁有那些證照的人才都是銀髮族。我們有想過要培養年輕人才，但實在找不到人，逼得我們都快要放棄了。到目前為止，都是靠資深員工撐下來，然而這些員工都已經七十歲上下，一旦他們退休，公司就撐不下去了。」

・中國地區・運輸業

「找不到駕駛，尤其找不到能長途運送貨物的員工。駕駛變得越來越稀少，也常有駕駛被挖角到條件更好的公司。」（幫忙公司媒合人才的人的心聲）

・中國地區・電子產品製造商

「每年我們都開出數十個工作機會，卻總是無法徵滿，導致我們接得到訂單，卻沒辦法生產足夠的產品，現有員工也因人力不足而每天忙得不可開交。」

・四國地區・幫忙媒合人才、培育人才的人

「以香川縣為例，在升上大學之後，約有八成的人才會外流到其他縣市。和地方政治或經濟相關團體聊過後，發現許多人因為人力不足或找不到後繼者，無法繼續維持原有的事業。由於遲遲找不到有效的解決方案，讓人覺得這個有如慢性病的人力不足問題很無奈。」

・四國地區・服務業

「雖然我只是在零售業負責接待客人而已，但現在的情況不是『沒有好員工來應徵』，而是根本沒有人來應徵，所以只能減少門市或是拜託鄰近門市的員工來輪班。這種需要從其他縣市調派人力過來支援的情況，只會讓服務品質不斷下降。就算依照附近服務業的行情調高時薪，也好像徵不到人，時薪的行情也不斷上漲。」

• 九州地區．幫忙醫療產業媒合人才的人

「醫療公司的現場本來就缺乏人力，主管必須前往第一線支援的情況也遲遲未能改善，所以主管也無法完成本來該完成的業務。」

• 九州地區．產業勞動領域

「就算提供正職的工作機會，也一樣找不到人才，就算想要徵求返鄉工作的人才，情況也很不樂觀。即使僱用外國勞工，這些外國勞工也是來來去去，完全留不住他們。我們已經聽到在地企業的這些抱怨，卻還是不知道應該怎麼解決這些問題。」（行政機關的相關業務負責人）

「讓人覺得這個有如慢性病的人力不足問題很無奈」、「我們已經聽到在地企業的這些抱怨」、「卻還是不知道應該怎麼解決這些問題」……。

如今我們正站在勞動力供給受限社會的入口，找不到人才是企業經營的一大問題，而生活維持服務萎縮或消失則是社會問題。我們在聽到這些第一線的心聲之後，將在第五章提出解決方案。

05

chapter

因應缺工的四個解決方案

勞動力供給受限會讓日本變成富庶的社會

第一章到第四章提到人口動態的變化，尤其強調工作年齡人口銳減、高齡人口增加的趨勢，也根據在這個趨勢模擬了「勞動力供給受限社會」，這個日本無可避免，卻又近在眼前的未來，也根據模擬結果進行分析與驗證。同時也說明在已經浮上檯面的勞動力供給受限之下，各地方發生什麼問題。

我們都認為，如果再繼續坐以待斃，日本肯定會被人口動態的巨浪吞噬，每個人都將面對「為了生活費盡力氣，沒有餘力工作」的社會。

生活維持服務的品質會下降，甚至生活維持服務會消失，於是必須花費更多時間通勤、照顧家人，光是倒垃圾都困難重重，生活變得極度不便。結果就是形成生活的效率變差，勞動力更加不足的惡性循環，經濟失去成長動力。這種情況的徵兆，我們已經在第四章介紹，或許有些人早在日常生活或是職場感受到這些問題了。

在少子高齡化的趨勢之下，第一個該處理的不是年金問題，也不是社會福利問題，而是要思考我們應該怎麼處理勞動力供給不足造成的各種問題。

為了深入探討日本社會面對的勞動力供給受限問題，NHK從二〇二三年年中就以「勞工危機」為題，透過專題的方式介紹各地區遇到的人力不足問題有多麼嚴重。「在勞動力出現結構性不足的社會裡，各地區到底發生了什麼事？」從媒體的角度開始釐清這個問題具有重大的意義。

勞工危機。

一聽到「危機」兩字，我便想起一件事。

美國演化生物學家賈德・戴蒙（Jared Diamond）曾根據人類社會的演化趨勢，發表許多關於未來的知名著作，例如《槍炮、病菌與鋼鐵》（*Guns, Germs, and Steel*）、《大崩壞》（*Collapse*）、《昨日世界》（*The World Until Yesterday*），他在著作之一的《動盪》（*Upheaval*）曾提出下列論點，為了讓大家了解他的想法，在此引用[27]：

不過最理想的是，……找到更有效的解決方案，變得比以前更強，藉此脫離危機。中文的「危機」完整說明了這個過程。「危」是「危險」的意思，「機」則是「契機、機會」的意思。

27 戴蒙著，莊安祺譯，《動盪》，時報出版，二〇一九年。

在這本著作中多次提到「危機」這個詞彙。英語的「Crisis」常翻譯成「危機」，而這個詞彙其實頗值得玩味。危機這個詞彙是由「危險」與「機會」組成；換句話說，這個詞彙也包含「契機」或「機會」的意思。

戴蒙援引日本過去的歷史（他特別提到一八五三年和一九四五年），以及「選擇性的變化」，強調日本社會不斷突破各種危機，其中提及日本遇到難以預測的外來衝擊，也遭遇傳統方法失靈的情況，但是每次都能冷靜地從這些危機中振作……。日本也是天災頻傳的國家，「危機」這個詞彙的字面意義，已充分表述日本社會克服各種危機的努力。

除了過去之外，這些努力放在未來的話又如何？之前已經提過，今後的日本社會將面臨各種難以迴避的課題，但是我覺得**勞動供給受限這個危機，將為封閉的日本帶來突破的機會，整個日本也將重生為富庶的社會。**

之前我們已透過模擬，了解勞動供給受限社會即將到來，接下來將於本章介紹這個勞動供給受限社會的危機和希望。

薪資提高後企業該做的事

在了解日本的「工作情況」會如何發展之前，必須先了解現況。

觀察目前的勞動市場會發現，除了人力不足之外，薪資也不斷上漲。日本厚生勞動省「每月勞工統計調查」指出，二〇二二年的現金薪資總額在名目上增加了二%，年收入呈現上漲的趨勢。如果換算成時薪，可以得知短期勞動者的增加與勞動時間縮減的趨勢，尤其從二〇一〇年代中期之後，薪資便持續上漲（圖11）。

二〇二三年的春鬥也出現近年少見的要求薪資調漲運動，可以預期的是，接下來將有一波薪資大幅調漲的趨勢。綜觀日本的勞動市場會發現，許多企業的人力都嚴重不足，也為了留住人才而被迫改善員工的待遇，日本的勞動市場已到了被迫改革的時間點。

在這種情況下，企業必須因為人力不足而改善員工待遇，卻也因此承受更

圖11：薪資與人力不足的關係

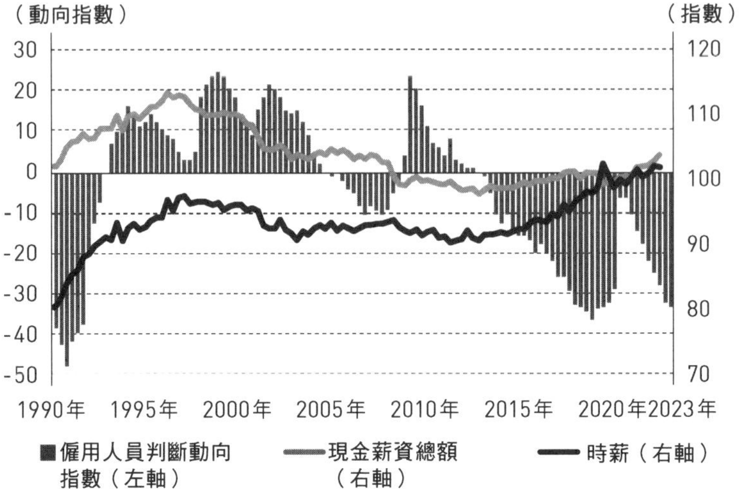

資料來源：日本厚生勞動省「每月勞工統計調查」、日本銀行「全國企業短期經濟觀測調查」。

*注：現金薪資總額會隨著季節調查。現金薪資總額與時薪是以2020年的數值為100。

多負擔，利潤空間也受到壓縮，所以為了讓調漲薪資這件事有助於提升人們的生活品質，企業在下一個階段該做的就是提高生產力。

在勞動力供給受限即將成真的未來裡，企業必須想辦法讓每個勞工的生產力加速提升。首先，讓我們從宏觀的數字觀察每個人的工作情況。

日本的勞動生產力成長率不低

到目前為止，日本的勞動生產力呈現什麼趨勢呢？圖12比較先進的五個國家的實質國內生產毛額、總工時與勞動生產力的成長率。從圖中可以發現，日本在二〇一〇年到二〇二一年這段期間，勞動生產力的年增率為〇．九％，相較於其他先進國家，屬於穩定成長的國家。

但**實質國內生產毛額成長率卻是這五個國家中最低的**，原因在於工作年齡人口不斷減少，總工時也不斷減少。**在這十多年內，勞動投入量（所有就業者的工時總和）減少的只有日本，數值為負〇．三％。**

放眼未來，勞動力肯定呈現加速減少的趨勢，而當年輕人口持續減少，勞動力供給受限也會變成更嚴重的社會問題。如果還想要維持富庶的生活，就必須轉型成以更少的人數創造更多附加價值的經濟型態。

圖12：實質國內生產毛額、總工時、勞動生產力的成長率（換算成全年的數據）

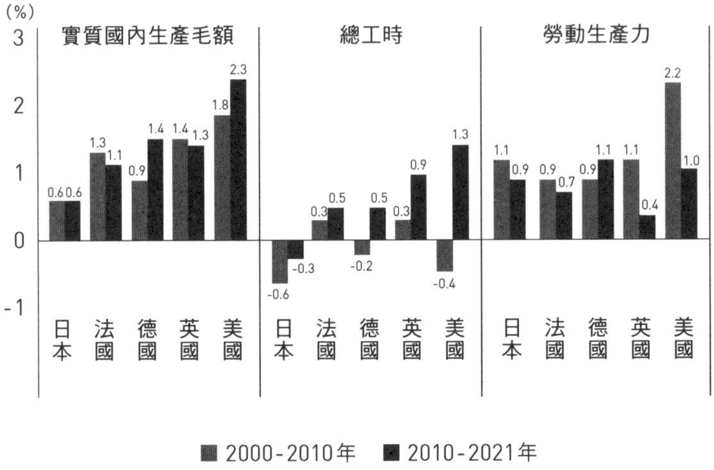

資料來源：經濟合作暨發展組織統計資料庫（OECD.Stat）。

不斷自動化的製造業、批發業與零售業

接著，讓我們觀察各產業的動向。

每個產業的生產力是提升還是下降，都有不同的情況。將主要產業近年來的勞動生產力與勞動投入量的增減畫成圖13，可以發現有些產業已適應少子高齡化這種社會環境的大變遷，有些產業則還來不及轉型。

從今後的勞動力供給受限社會來看，會發現許多產業必須提升勞動生產力，必要的員工人數也會跟著縮減。製造業、建築業、批發業、零售業都必須提升生產力與減少勞動投入量，所以在這個人口持續減少的日本，都是必須持續改革的產業。

製造業是採用工業機器人，持續推動工廠自動化的產業，所以能一如既往，持續提高生產力。至於建築業方面，雖然因為工地師傅年邁而遭遇嚴重的人力不足問題，但是仍努力以較少的人數創造更大的成果，最終也達成提升工作效能的目標。

其實批發業與零售業也是生產力不斷提高的業種之一，最近有不少零售店採用半自助式結帳系統，也就是先讓員工幫忙掃描商品條碼，再讓顧客自行結帳的系統，而這套系統也對提高生產力做出極大的貢獻。隨著數位經濟的發展，批發業與零售業的門市變得不那麼重要，生產力也得以提高。

圖13：勞動生產力的成長率與勞動投入量的增減（2007～2021年的成長率）

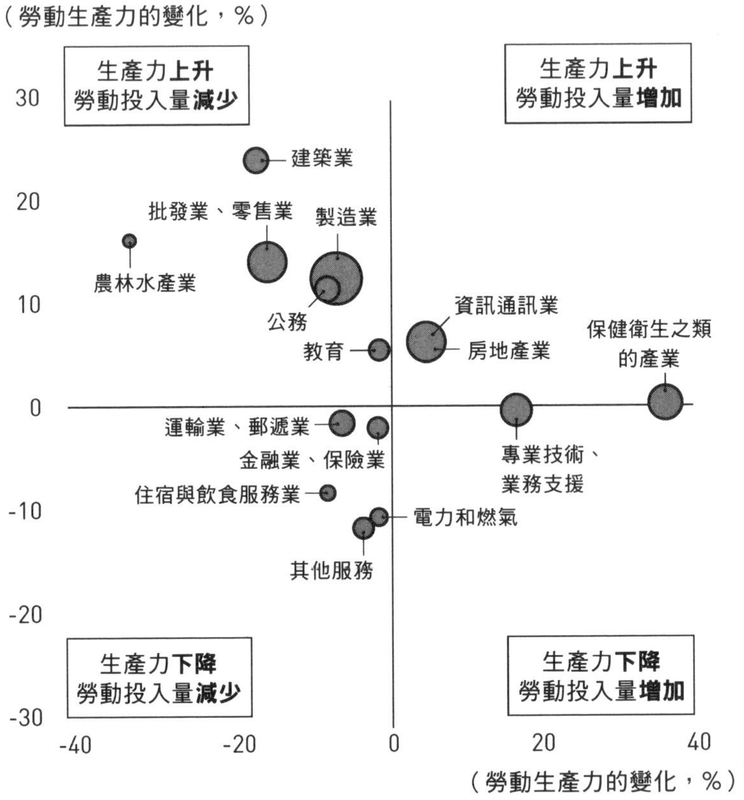

資料來源：日本內閣府，「國民經濟計算」。

醫療照護業的勞動投入量成長至一．四倍

另一方面，運輸業、郵遞業、金融業、保險業、住宿與飲食服務業的生產力則未見成長的趨勢。雖然這些與服務有關的業種在經濟方面的占比很大，卻無法像製造業那樣自動化。

在預測日本經濟的未來時，不難發現保健衛生（醫療照護）領域將陷入困境。這些業種不僅難以提升勞動生產力，更讓人難以置信的是，這些業種的勞動投入量在十二年內增加了三六％，更嚴重的是，保健衛生領域在經濟方面的占比極大，而且很可能會是在高齡化的趨勢之下，進一步大量消耗勞動力的產業。

假設醫療照護業依舊無法提升生產力，而高齡人口卻持續增加，高齡者本身也進一步老化，到底會發生什麼結果？答案就是，日本經濟將陷入漸漸減少的珍貴勞動力，無止盡地被醫療照護業消耗的狀況。

這個日本多數勞工都被迫照顧高齡者的未來已無可避免。如果從現況來

看，這樣的未來絕非無稽之談。

因應人力不足的「三大神器」

在討論日本的人力不足時，一定會提到三大解決方案，就是銀髮族、女性及外國人。我個人將這三大解決方案稱為「人力不足對策的三大神器」。

從一九九〇年代開始，只要一討論人力不足的問題，基本上就會提到銀髮族、女性、外國人這三大解決方案，直到現在，這三大解決方案仍是討論的對象，這也是因為人力不足的問題尚未解決的緣故。

關於銀髮族的部分，在之後的章節提出「小型活動」；在女性的部分，則是透過模擬模型，預設女性的勞動力參與率將超越全世界最高水準，讓日本社會轉型為任何性別都能發揮最大潛力的環境，是執行這個解決方案的一大前提。

現在就讓我們進一步討論銀髮族與女性的勞動參與。

日本的女性就業率比美國還高

近年來，日本的女性就業率已逼近國際水準。據統計，**日本十五歲到六十四歲工作年齡人口的女性就業率已達七〇．六%，在經濟合作暨發展組織（OECD）的三十八個國家中排名第十三名**（最高的是瑞士的七五．九%）[28]。

簡單來說，這是「比德國、英國略低，但高於美國或法國」的水準。尤其在二十五歲到四十四歲這個年齡層，女性就業率高達七八．六%。日本十五歲到六十四歲的男性就業率為八三．九%，所以從國際標準來看，日本已漸漸轉型為男女都是勞動力來源的社會。

不過，這只是從「量」來看，如果從女性的非正式勞工遠比男性來得高（二〇二一年，男性為二一．八%，女性為五三．六%），短時間工作的人數遠多

28 根據日本內閣府，《性別平等白皮書 令和四年度版》。

於男性來看，今後應該更重視「質」，打造讓女性更能大展身手的勞動社會。

女性勞工在數量方面已逼近國際水準，就業率也不下於男性，但是待遇和工作環境仍有待改善，而且在數量方面，也必須打破玻璃天花板的限制（即使有能力、有一定的成績，卻因為性別而無法擔任更高的職位或某些工作），才能超越世界最高水準，這也是現在的日本必須面對的局面，如今已不是喊喊口號，唱唱高調，呼籲大家「讓女性一起參與社會活動」就能解決問題的時候。

此外，「質」方面的改善不如想像中單純，因為在所有女性非正式勞工中，「被迫成為非正式勞工」的比例只有七．九％，而且這個比例還在持續下降，代表大部分的女性都希望成為非正式勞工。

為什麼大部分的女性都希望成為非正式勞工，或是希望工時盡可能縮短呢？沒有人可以責怪選擇這條路的人，但我們必須檢討讓這些選擇變得合理的勞動社會規範（或「一百三十萬日圓之壁[29]」），或是企業提供的工作環境（例如正式勞工都是男性的職場）。

日本的銀髮族就業率領先全世界

日本的銀髮族就業率也是世界最高水準。

六十歲到六十四歲男女合計為七一．五％，六十五歲到六十九歲男女合計則為五〇．三％[30]。六十五歲之前的就業率與勞動世代相當，讓人覺得不該稱這個世代為「銀髮族」（以就業率而言，六十四歲以下的銀髮族根本就是勞動世代）。

日本六十五歲以上的就業率為二五．一％[31]，若與國際水準比較，在主要國家之中也是獨占鰲頭，其次則是一八％的美國、一二．九％的加拿大、一〇．三％的英國、七．四％的德國、五．一％的義大利，以及三．四％的法

29 編注：日本年收入在一百三十萬日圓（約台幣三十八萬）以下的受撫養配偶，可免繳國民年金，有一派說法認為，這種制度會阻礙已婚女性從事收入較高的工作。

30 根據日本總務省統計局，統計 Topics No.132《我國於統計資料之中的高齡者——從「敬老日」來看》。

31 根據日本總務省，勞動力調查二〇二一年的結果。

國[32]。從這些數據應該不難了解，日本的銀髮族就業率的領先幅度有多大了。

為了解決勞動力供給受限，日本必須思考該怎麼做才能提高六十五歲以上的就業率，以及讓八十五歲以上的人能夠順利工作這個問題，也必須**思考該如何替銀髮族的就業率開創新局，讓能夠工作及想要工作的人變得更多。**

順帶一提，剛剛提過，這十年來只有日本的勞動投入量減少（在二〇一〇年到二〇二一年之間，減少了〇．三％），理由之一是因為勞工減少，更主要的理由是高齡就業者與無法長時間工作的人變多。

不過，高齡者不可能一直做全職工作，所以真正的解決之道在於，「分割工作，再讓更多人分攤這些工作」，具體內容將留到第八章說明。

日本能在爭搶「外國勞工」的混戰中獲勝嗎？

除了上述的銀髮族、女性外，也有人在討論外國勞工或是外來移民的可能性。如果國內的勞工不足，向外國勞工請求支援是再自然不過的想法，今後的日本也應該轉型為讓來自四面八方的人都能一展長才的社會，也應該從正面討論要怎麼做，才能打造一個包容國際人才與外國勞工的社會。

不過，以目前的經濟或社會情勢來看，接受外國人就能從根本解決問題嗎？從全世界高齡化問題越來越嚴重，日本經濟地位相對較低的情況來看，很難引進廉價的外國勞動力，作為中長期的解決方案。如果我們不先努力打造一個能長期繁榮的社會，引進外國勞動力就不可能成為有效的解決方案。滿腦子只想著引進廉價的外國勞動力，並無法真正解決問題。

十年前的日本與現在的日本不一樣，而現在的日本和十年後的日本也不一樣。今後的日本真能輕鬆地從外國引進廉價的勞動力嗎？**五年後、十年後，中國、南韓、澳洲、新加坡將在東亞崛起，如果以為日本有辦法從這些國家手中**

32 根據日本總務省統計局，統計 Topics No.132《我國於統計資料之中的高齡者——從「敬老日」來看》。

搶走外國的年輕人才（主要是印尼的人才），恐怕只是囿於十年前、二十年前的成功經驗罷了。

想從這些國家手中搶到年輕人才，就必須讓日本成為吸引這些外國年輕人的國家。說到底，就是必須調高薪資，改善待遇，以及實施本書接下來介紹的四個解決方案，這些都是討論議題的起跑線而已。

想必大家都知道「三大神器」的重要性，但除了三大神器之外，還得討論更實際的解決方案，也就是我們提出的四個解決方案。

現在就能開始實施的四個解決方案

在調整勞動力需求之後，該怎麼增加勞工？

雖然勞動力供給受限是一個令人絕望的大難題，但解決方案無非是「減少需求」或「增加供給」。

本書將為大家介紹四個因應勞動力供給受限社會的解決方案。分別是「機械化與自動化」、「類工作活動」、「銀髮族的小型活動」，以及「企業減少無謂的工作與提供職場支持」。

之所以提出這四個解決方案，在於十幾年後日本的勞動力缺口將擴大，不同時討論該怎麼減少勞動力需求與增加勞動力供給，就無法解決。

增加勞動力供給量，就是該如何增加勞工的問題。我們認為勞動力不一定只能是人類，還可以是「機械」。日本必須讓機械與人類進行有機性的合作，創造全新的工作方式。

在這四個解決方案裡，「機械化與自動化」最有機會讓人類的「工作」和「勞動力」轉型，其中共有下列三項重點：

一、能讓每個人不再需要長時間工作。

二、減少工作造成的身體負擔。

三、由機械完成任務，人類就能專心完成該工作的核心業務。

在思考勞動力供給來源時，除了從「由誰來做這項工作」這個角度思考外，還可以從「機械是否能完成這項工作」、「能不能讓機械幫助人類完成這項工作」的角度思考。

這時候需要的不是「沒有人，所以改由機械負責」，或「不是機械負責，就是員工負責」這種二選一的想法，而是「在機械的輔助之下，人類能否進一步發揮潛力」這種擴散性思考。

第二個解決方案是「類工作活動」這個概念。

「類工作活動」指的是除了本業之外，以一種娛樂、興趣或參加同好會的心態，「幫助需要幫助的人」的活動。我們在調查與研究後發現，在本業之外的各種活動，總是能讓人樂在其中並持之以恆，而這些活動其實也一直提供勞動力，我們將在第七章說明「類工作活動」的重要性。

這種類工作活動具有「滿足某個人的勞動力需求」的性質，告訴我們這種活動既能讓人樂在其中，也能讓人成為勞動力來源，同時是讓社會維持富庶繁榮的重要概念之一。

雖然銀髮族也可以是勞動力來源，但我們應該期待的不是他們一直像正職員工，工作到一百歲，而是要期待他們透過一些小型活動提供勞動力。此外，也必須從減少勞動力需求的觀點，討論從根本減少業務冗贅之處的方法。

除了這四個解決方案之外，當然還有其他的解決方案。我們之所以會提出這四個解決方案，在於這些解決方案已經初露曙光，有些企業、個人或地區正在實施這些解決方案，問題的徵結點與解決方案都徹底釐清，所以才會希望大家從這四個解決方案，著手解決勞動力供給受限這個問題。

當這些解決方案普及時，「勞動」或「工作」的型態就會大幅改變。如果大家都能快樂工作，對社會做出貢獻，那麼現在不那麼快樂或滿足的「工作」很有可能就會變得更有意義。

06
chapter

解決方案一：全面機械化與自動化

在「只有人類才能完成的工作」活用人力

該怎麼在勞動力供給不足的情況下，打造永續的社會？這個問題必須邊做邊學，才能找出答案，而我們要提出特別該重視的解決方案，第一個解決方案就是「全面機械化與自動化」。

為什麼需要機械化與自動化？

少子高齡化造成的勞動力缺口將持續擴大。儘管女性、高齡者在這幾年都參與勞動，這些有限的勞動力也透過不同的方式運用，但除此之外，我們也必須讓人力負責那些「非得人類才能完成的工作」。

許多人都在討論，機械化與自動化技術能否填補不足的人力，許多人也對AI或機器人抱持負面印象，覺得工作會被這些技術搶走。

不過，**勞動力缺口不斷擴大的日本，如果不加速全面引進自動化技術，恐怕生活維持服務將會消失**。如果不請生成式AI或機器人「搶走」人類的工作，日本連生活維持服務都無法維持。我們必須改變對「勞動力」的看法，盡可能地活用AI或機器人的勞動力。

我們該做的不是「在人類的工作場域引進AI或機器人」，而是打造「方便AI或機器人工作（能夠正常發揮功能）的制度」，在這個過程中，「讓人類做只有人類做得到的工作」這種概念也會變得越來越重要。

該如何借助AI、機器人這些機械的力量，讓人類的工作更有效率？這不僅是需要提高生產力的企業界所需思考的課題，也是我們該面對的生活課題。

精簡人力等於提高薪資

當自動化技術越來越發達與普及，日本的樣貌也將完全改變。最值得期待的結果就是精簡人力。有些人認為，精簡人力等於「對勞動力的需求減少」，但其實不然，一切還是根據當下的經濟條件決定。

也就是說，當勞動力大過需求時，失業率居高不下，自動化技術越發達，就會讓更多人失業；相反地，**當失業率長期維持低檔，人力時常不足（日本現在的經濟結構就是如此），利用自動化技術精簡人力，除了能提高生產力外，還不會出現失業這個副作用，經濟效率也會大幅提升。**

我們都知道，日本的經濟屬於後者。高齡化與工作年齡人口的減少幅度都領先全世界的日本，已經到了必須全面精簡人力的局面，對勞動力缺口持續擴大的日本社會來說，全面機械化或自動化無疑是一大福音。

在精簡人力下，勞工的待遇與工作環境也會一併改善，比方說，現代人能夠擺脫長時間工作的痛苦。自動化技術引進能減輕勞工的負擔，讓本來需要十小時才能完成的工作，變成只需要六小時就能完成，之前被迫長時間工作的人也能在上班時間內完成工作，而且收入還不會減少，希望工時減少的人就能得到期待已久的工作環境。

精簡人力也等於薪資提高，當八個人就能完成十個人的工作時，理論上，勞工的薪資就有可能調漲一・二五倍。

導入機器人當然需要成本，提升的部分生產力也會歸入企業或經營者的利潤，但是會有一定的比例分配給員工，員工的薪資也有機會調漲。

精簡人力可讓勞動力參與率提高

機械化與自動化的效果，並不只是精簡人力。將原本由勞工處理的業務交給機器人或自動化系統，也可以減少勞工的身心負擔。

物聯網（Internet of Things, IoT）普及後，無須親臨現場，也能遠端管理業務。當勞工的負擔減輕時，之前無法參與勞動的人就能回到勞動市場。

以貨運司機為例，只要自動堆高機或自動搬運機普及，貨運司機就不再需要將沉重的貨物從卡車上搬下來。至於房屋建築工地方面，一旦能夠利用機械搬運建材或是安裝相關設備，讓許多工作變得簡單輕鬆，就能舒緩建築工人高齡化與人力不足的問題。只要將人類覺得吃力的工作交給機器人，即可大幅減輕勞動者的身體負擔。

機械化也能減輕精神方面的負擔。當工作方式改善，勞動時間縮短，必須在上班時間內完成的第一線工作數量就會增加，一旦工作時間相同，但是必須在工作時間內完成的業務增加，當然會對勞工造成沉重的精神壓力。

以零售業的結帳業務為例，之前常有客人因為結帳結得太慢而客訴，但是在採用無人結帳系統之後，空閒的員工就能提供顧客一些選購上的建議，解決顧客的問題，也不會再接到客訴。

一旦這些技術或系統普及，就算抗壓性不強的人，也能在想要的時候工作，只要形形色色的人都能參與勞動，勞動力缺口的擴大速度就會跟著變慢。

AI或機器人無法取代的業務

機械化與自動化的技術會讓一些原本由人類負責的工作，轉移到機器人身上。不過，AI或機器人無法取代的業務還有很多，人力也將集中在這類業務。當工作全面機械化與自動化時，就必須思考「人類到底該做什麼工作」。

和別人面對面的業務是較不可能被機械取代的業務，以醫療照護這類領域為例，這類領域的從業人員不再需要耗費時間撰寫業務紀錄，或是處理行政雜務，能花費更多時間和患者進行一對一諮詢，如此一來，醫療照護的品質也會隨之提高。

服務業與銷售業也一樣，一旦不需要花費太多時間銷售產品，就能分出更多時間在真正的工作上，也就是與顧客之間的交流。許多人之所以會從事這類工作，其實是覺得接觸消費者是很有意義的事，所以不再需要處理雜務，也是提升動力的因素之一。

此外，也會出現管理機器人或是系統的業務。以物流倉庫為例，一部分的現場人員應該會被派去管控室負責遠端監控的業務。

在建築工地方面，施工人員不再需要看著設計圖施工，而是可以透過平板電腦直接操作建築資訊建模（Building Information Modeling, BIM，即累積各種施工資料的資料庫，可用來建構建築資訊模型），以及管理建材。

醫療照護方面也能透過語音輸入技術，記錄那些紙本資料，再以數位技術加以管理。建構、管理及維護這類系統的業務，應該也會不斷增加。

黑心企業無法在勞動力供給受限的時代存活

為了讓各產業透過數位技術提高勞動生產力，到底該怎麼做才好？為了進入「自動化的世紀」，日本經濟該走向何處，又該如何前進？讓我們一起思考這個問題。

在未來，人力肯定是不足的，所以企業也將承受來自勞動市場的沉重壓力，也會為了提高生產力而被捲入白熱化競爭。與此同時，整個勞動市場也會要求企業改變，讓勞動市場能自然而然提出這些要求的大環境也變得十分重要，活用人力的經營方式會讓企業不得不投資設備。

當服務相關的業務機械化與自動化時，銷售現場也會大幅轉型。反過來說，要轉型成少數員工創造高生產力的經濟型態，銷售現場就必須改變。

與此同時，如果是故步自封的企業，就會被迫退出市場。如果一直不改善讓員工身心俱疲的工作方式或業務，遲遲不提高生產力與薪資，很難在勞動力供給受限的勞動市場找到需要的人才。

不進行必要的改革，強迫員工長時間工作企業，只想以低薪聘僱員工的企

業，讓員工承受過多工作量的企業，無法在勞動供給受限的勞動市場存活；相反地，徹底改善業務流程，創造讓員工提高生產力的工作環境，再將額外產生的利潤回饋給員工，這種企業就能在產業不斷擴大市占率。

就結果而言，當企業之間展開白熱化競爭時，越能提供優良工作環境的企業，等於越能提供優質服務給消費者，這類企業也就更有機會讓事業多元化。

觀察各種產業的動向後，會發現許多產業正在數位化，也出現提供核心服務的系統平台。社會大眾除了能享受這類企業提供的服務外，還必須思考該如何面對這些系統平台。

行政機關與產業團體的支持，對推動自動化至關重要

要讓勞工的業務自動化，就必須得到行政機關或產業團體的支持。

以物流業為例，由於嚴重缺少司機，所以在不久的將來，就得讓透過高速

公路送貨的業務自動化。為了達成這個目標，必須在高速公路設置自動駕駛車輛的專用道路，也必須安裝感測攝影機，更要擴建高速通訊網路。日本國土交通省與經濟產業省最近正在討論設置感測器和專用道路的法規。在建置高度公共性的基礎建設時，行政機關必須成為領頭羊。

除了行政機關之外，產業團體也必須主動做出貢獻。比方說，零售業如果想推動無人結帳系統，就必須將傳統的掃描條碼結帳系統，換成電子標籤結帳系統或是影像辨識結帳系統。

為此，五家便利超商與日本經濟產業省發表「便利超商電子標籤一千億張宣言」，希望在二〇二五年之前，所有便利超商的商品都能貼上無線射頻識別（Radio Frequency Identification, RFID）標籤，藉此個別管理商品；日本藥妝連鎖店協會也與日本經濟產業省一同發表「藥妝連鎖店智慧化宣言」。

至於建築業，後面提到的建築ＲＸ聯盟為了實現跨產業自動化施工的目標，共同研發機器人與物聯網應用程式。**在推動機械化與自動化之際，產業各**

公司不能不分青紅皂白地競爭，必須先區分彼此合作與相互競爭的部分，然後一邊互助合作，一邊建立標準化規格。

在採訪各種現場後，看到許多創新的數位服務無法普及的現象。

尤其是在地方的小企業在推廣自動化技術時，讓當地企業親眼看到利用新服務改革經營方式的現場，往往能讓這些小企業接受這類自動化技術。為了在各產業建立一些率先示範的案例，行政機關與經濟團體的角色十分重要。

數位化與機器人友善的社會

工業機械這個技術領域一直以來都是日本的強項，從有關機器人的大眾文化如此普及看來，日本的社會比其他國家更能接受機器人。就算是在應用ＡＩ技術與機器人技術的時代，許多領域仍然保留許多需要和民眾接觸的業務。不過在這股浪潮中，還有許多和消費者直接接觸的工作能夠機械化與自動化。

為了打造讓員工能夠輕鬆工作的環境，也為了讓每個人都能擁有多元豐富的消費生活，打造機器人友善的社會是非常重要的課題。

比方說，餐飲業已經引進送餐機器人，但是為了讓機器人能夠正常運作，就必須教育消費者，讓消費者懂得禮讓機器人。此外，在送餐與收餐盤時，機器人還不知道該收拾哪些餐盤，這部分也需要人力輔助。讓消費者對機器人與數位科技多一分友善，是利用數位技術打造豐富生活的關鍵。

促進公司內部自動化的關鍵人才，有哪些共通點？

想當然耳，培養數位科技人才是無可避免的課題。

第一步必須先培養工程師、資料科學家這類具有數位知識的人才。想必大家都知道，這部分與教育息息相關。

不過，觀察各種企業的實例便可得知，要成為利用數位科技讓業務自動化的關鍵人才，不一定非得是高階的數位技術人才，說得更精確一點，要讓業務自動化，那些對自家公司業務知之甚詳的資深員工反而才是關鍵人物。

以目前的實際情況來說，即使能借助外部供應商的力量，或是臨時招募數位技術人才，最終對自家公司了解透徹的員工，才是推動業務流程改造的主角。**在採訪許多企業後，我們發現這類人才的共通之處，在於他們都樂意接受變化，也積極擁抱新事物。**

觀察銷售現場後，會發現要讓新的業務流程在現場落實，就必須提升勞工對新業務流程的認知。許多服務都已經透過應用程式（APP）的方式推廣，所以員工不需要學會什麼特殊技能，就能熟悉新的業務流程。

其實我們看到許多企業，都是透過實際在現場操作的研修課程或影片不斷訓練員工，所以必須建立讓員工積極學習的制度。

容易自動化的職業vs.不易自動化的職業

最後，要帶著大家一起思考，哪些業務比較容易自動化，哪些卻不太容易自動化。

本研究專案針對超過五十家在生活維持服務各領域創新的主要企業，也請教企業在引進數位技術、ＡＩ與機器人後，各職業的業務結構會有哪些轉變。

我們請教在第一線服務的上班族一些相當實際的問題，例如哪些業務可能會由ＡＩ或機器人負責、哪些業務可能還是必須由人力負責。

採訪各產業裡積極推動機械化與自動化的企業後，我們找出容易自動化的職業與不易自動化的職業，也將結果整理成圖14。

雖然我們很難預測那些原本由人力負責工作的自動化，但是在採訪相關人士之後，會發現**以現況來看，今後較難自動化的職業包含醫療業、照護業與建築業，反觀製造工程、運輸、行政、業務這類職業則較有機會自動化。**

能大幅自動化的生活維持服務之一，就是生產工程。製造業本來就採用許多工業機械，之前也陸陸續續提升產能，所以應該會堅持走相同的路線。

另一個很可能自動化的職業就是運輸業。該業務自二〇二四年開始，就遇到嚴重的人力不足問題，今後自動駕駛技術或是高速通訊技術如果有長足的發展，就能實現透過主要幹道自動運輸貨物的夢想。

在倉庫作業員的薪資不斷上漲的情況下，物流倉庫肯定會加速機械化與自動化。不過以目前的情況來看，還很難在擁擠的市鎮採用自動駕駛技術，將貨物交給顧客的部分也很難完全無人化，因此人力應該會往這最後一哩路的相關工作集中。

前面提到，難以自動化的職業包含醫療、照護與建築業。醫療的相關業務十分繁雜，例如需要記錄醫療過程、需要向住院患者說明情況、藥劑與醫療材料也需要有人搬運，所以只有部分業務能夠自動化。此外，替病人量脈搏、呼吸、血壓這類確認生命徵象的工作，或是病床管理業務也比較容易精簡人力。

圖14：容易自動化與不易自動化的職業

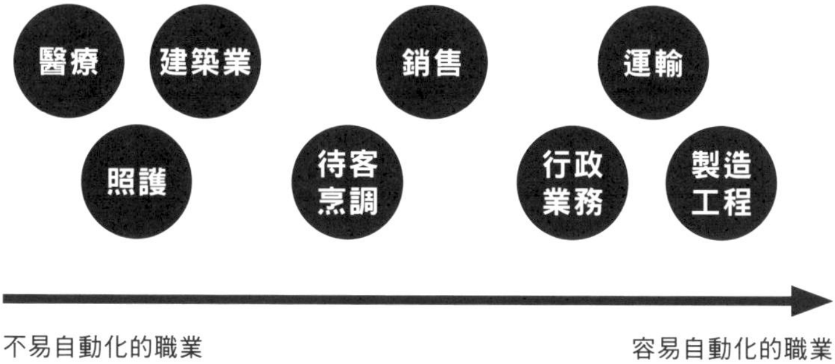

資料來源：Recruit Works研究院，2023年，「因機械化與自動化而改變的工作方式」報告。

不過，醫療的核心業務是確認患者的病情，每天與患者溝通，大部分的人也都認為生成式AI機器人，很難替代醫療從業人員的手術技術。

至於照護業也是從間接業務開始自動化。不過，被譽為三大照護業務的進食照護、排泄照護及入浴照護，雖然已經出現精簡人力的趨勢，但是這些照護人員的核心業務恐怕很難徹底無人化。

在建築業方面，業務管理與工具機的部分雖然已經自動化，但是大部分的人也認為，許多由建築工人負責的細項作業，在十幾年內應該還是很難自動化。

在高齡人口持續增加的情況下，最需要勞動力的醫療照護業，果然還是最難自動化。為了自己，也為了讓更多人從事醫療與照護，讓高齡者能擁有更舒適多元的生活，以及解決整個社會面臨的人力不足問題，積極推動機械化與自動化，絕對是日本打造永續社會的一大前提。

接著，讓我們一起了解生活維持服務的範例[33]。

案例一：大型總承包商為了解決建築業的課題而聯手

建築RX聯盟

為了解決建築業的人力嚴重不足問題，以及提升勞動生產力，日本可以說是傾全國之力推動自動化與機械化。在建築工程方面，所有大樓幾乎都是獨一無二的建築物，所以就開發層面而言，除了創造新技術外，建造一個讓整個產業都能共享成果或是統一規格的機制，為整個產業創造協同效應，是非常關鍵的一環。對此，我們請教「建築ＲＸ聯盟」會長（都是採訪當下的職稱）暨鹿島建設專務執行董事伊藤仁，關於整個聯盟的活動情況與展望。

共同開發減輕作業員負擔的機器人

建築ＲＸ聯盟是為了共同開發建築機器人與物聯網應用程式，實現技術交流目的，在二〇二一年創辦的合資企業。最主要的目標是找出在任何總承包商的工地，工人或工地主任共通的工作，再從這些工作找出可機械化的部分，然後利用機器人與應用程式加以取代，藉此減輕從業人員的負擔，並且降低開發與製造的成本。

ＲＸ是Robotics Transformation（機器人學轉型）的縮寫，指的是利用機器人改造作業流程的意思。大型總承包商鹿島建設與竹中工務店、清水建設一

33 後續提到的任何職稱或部門，都是當下採訪的職稱與部門。內容都來自Recruit Works研究院，二〇二三年，「因機械化與自動化而改變的工作方式」報告。

同發起這個聯盟後，邀請二十八家總承包商作為正式會員，也邀請一百八十家資訊科技（Information Technology, IT）供應商、專業工程業者作為協助會員（二〇二三年五月的資料），目前還根據不同的主題設置十一個工作小組，進行共同研發。

在這十一個工作小組中，有多個工作小組將目標放在消弭「3K（骯髒、危險及辛苦）」這種建築業特有的印象，正在研發能自動搬運建材的水平搬運機器人，以及利用AI辨識工業廢棄物的處理流程，同時還試著提升塔式起重機遠端操控系統的功能，藉此解決重物搬運、清掃、高處作業這些麻煩與危險。至於另一個工作小組則是為了讓「放樣彈墨線」這種工地丈量尺寸的步驟自動化，正根據先前的研究，開發精確度更高的自走式墨線機器人。

伊藤仁提到，「研發以能有效減輕作業負擔，而且難度較低的項目優先。讓工作變得更輕鬆是聯盟的使命之一，也是能提升建築業魅力的部分。」

由於工作小組的成員彼此簽訂共同研究開發契約，所以任何開發完成的機器人或應用程式，都能以會員價使用，至於出資開發的企業則可以更低廉的價格使用，藉此維持公平性。

有些工作小組則是基於會員的建議所設置，例如市售工具活用工作小組便是其中之一。這個工作小組的目的在於分享與討論無人機、動力輔助服這類市售產品的資訊，再請開發商依照市場需求，開發不同的商品，還會透過簡報的方式，選出願意開發最需要的功能的製造商，再由聯盟大量採購最終的開發成果，所以能夠降低製造成本。

「其實一開始沒想到能夠採用市售的產品，但這也是合資企業才有的優勢。」（伊藤仁）

聯盟的使命在於提升建築業的魅力及勞動生產力。

「現在是開發新技術，提升建築業魅力的階段，還不到減少從事人員的工時和提升收入的階段。進入下一個階段之後，將會進一步機械化與自動化。」（伊藤仁）

技術開發應該是整個產業彼此協調的領域

提高生產力的靈感，來自鹿島建設推動的「鹿島智慧生產願景」。這個願景提出三個減少負擔的核心概念：第一是「讓機器人負責五成的作業」；第二是「透過遠端操控方式完成五成的管理流程」；第三是「所有流程都數位化」。

其中的遠端管理幾乎已透過科技實現，但是大部分的工地都很難遠端操控機器人，所以伊藤仁先生提到「完全自動化還是很遙遠的目標，當下的目標是將五成的工作交給機器人負責」。

在所有流程都數位化的部分，目前已於建模階段採用特殊規格的建築資訊建模。

建築資訊建模這種建築流程資料庫，能在電腦建造建築物的3D模型，還能替這個3D模型額外設定建築與性能資訊這類屬性資料，該公司除了開發這種建築資訊建模外，還另外開發能評估工程與成本的5D模型「BIMLOGI®」。為每一項建材標示ID與二維條碼、載入設計圖通過的日期，以及工廠的生產與檢查日期，就能更有效率地完成建材搬運作業。

由於第一線的人員可以即時確認作業狀況，所以也能更輕鬆地管理工程。如果連設計圖都是利用建築資訊建模繪製，那麼生產流程與施工流程從頭到尾都能數位化。

「這套系統幾乎已經完成，但是目前還得統一資料格式，也必須建立一套估算工程費用的制度。這類課題除了在鹿島、竹中、清水這三家公司組成的『建築資訊建模聯盟』討論外，也正於建築RX聯盟的『生產建築資訊建模工作小組』以會員共享的方式討論。只要能解決這些課題，就能為建築業帶來革命性改變，讓工作人員更輕鬆地工作。」（伊藤仁）

伊藤仁提到，開發技術與推廣技術屬於整個建築產業彼此協調和推動的領域。重點在於當各家總承包商在這個領域做出貢獻後，再透過盡力提升品質與降低成本的方式彼此競爭。

鹿島建設目前將所有的心力放在有效管理工地人員的業務、幫助工地人員規劃職涯，以及建立考核系統。

「假設敝公司得以開發新技術與提高生產力，讓工地人員能夠更輕鬆地工作，即可漸漸影響其他公司，進而讓整個建築業變成吸引人才的的產業。建築RX聯盟與鹿島建設正為了這個目標而努力。」（伊藤仁）

讓建築工地煥然一新的核心技術已經備齊，目前也正試著組合這些技術，嘗試邊做邊學，打造讓第一線人員更輕鬆工作的機制。

案例二：希望從下訂單到退貨都自動化的超市

KASUMI連鎖超市

銷售生活必需品的超市，除了是業績持續成長的零售業外，也是勞力密集產業，長期以來都有人力慢性不足的問題。在日本關東一帶設有約兩百家門市的KASUMI連鎖超市，為了提升競爭力並解決人力不足的問題，已經試著透過機械化與自動化的改革措施提高生產力，例如試著引進無人結帳系統和機器人，希望能透過這一連串的DX（數位轉型），成功解決人力不足的問題。我們這次採訪董事長山本慎一，也了解該公司做了哪些努力。

採用自助式結帳系統，成功減少三分之一的人員

由首都三大超市合併成立的聯合超級市場控股集團（United Supermarket Holdings, USMH），其中之一的KASUMI連鎖超市，目前正透過數位技術讓超市轉型，該超市的一項創舉就是門市幾乎都採用智慧型手機結帳系統「Scan & Go Ignica」。

這是一套讓客人自行在智慧型手機操作應用程式，完成掃描條碼與結帳的完全自助式服務系統。這套系統除了能讓客戶省去排隊結帳的麻煩外，還能在購物時，先一步掌握總金額，也能取得購買履歷與優惠資訊。對顧客來說，這套系統創造更多的附加價值；對員工來說，也省去幫顧客結帳的負擔。

KASUMI連鎖超市也有只以Scan & Go Ignica結帳的全新門市，而這些門市也沒有收銀員這類傳統櫃台人員。

基本上，自助式櫃台有六處，負責管理這些自助式櫃台的員工只有一人。山本慎一提到，「以過去的經驗法則來看，顧客自行結帳的時間大約是出納員的兩倍，所以必要的人力可減少三分之一左右。」

減少結帳業務帶來的壓力與提升動力

超市的櫃台收銀人員大概占整體工作人員的二到三成。這類結帳櫃台的數量，通常是依照顛峰時段的需求設置，所以就算部分櫃台在某些時段會閒置，還是必須為了應付顛峰時段的客群，配置一定比例的人員。此外，櫃台結帳屬於專責工作，不像其他部門能同時處理訂單或出貨這些工作。

「櫃台結帳之所以屬於專責工作，因為結帳是經手現金的工作，而且很容易因為處理商品不當被客訴，也就是遭到顧客騷擾，所以『櫃台收銀常被戲稱

為心身俱疲的工作』。」（山本慎一）

當Scan & Go Ignica這套應用程式與自助式櫃台普及，員工除了不再需要負責掃描商品與結帳外，也只需要幫助顧客解決自助結帳遇到的問題，或是引導顧客安裝Scan & Go Ignica和幫助顧客結帳。

「當過去的那些業務消失，相關壓力跟著消失，員工更容易得到顧客的感謝時，員工的動力也會跟著上升。我認為，今後這類工作會轉型『服務業』，也就是提供身心障礙顧客或一般顧客諮詢的工作方式。」

門市方面，有些集中管理較有效率的業務，從店內業務轉型為店外業務。以烹調作業為例，從肉品包裝到烹調成熟食的步驟，全部都在自家工廠完成。聯合超級市場控股集團的三家核心公司，也正在建立共同經營的處理中心。

出貨方面，採用物流業者替各通路補貨與配貨的系統，提升作業效率。「如此一來，員工就能專心處理接待顧客與陳列商品這些門市業務。在利用技術排除多餘的工作這一點，我們敢大聲地說在業界算是領先地位。」（山本慎一）。

在新型態門市採用自主協作機器人

山本慎一提到，「敝公司今後的自動化課題是機器人學。」

「目前已經能在缺貨時，自動下訂單補貨，但我們想要的不是只補充熱銷商品，還希望檢討卡車的積載率，或是預先擬定進貨計畫，如此一來，就能讓每趟卡車都載滿貨物，也能每天補充耐放的商品，讓食品的損失降到最低。我們的目標是讓下訂單的流程最佳化，還有讓整體的作業量降到最低。」

除了讓這類核心系統升級，以及能夠即時了解店面與庫存的商品數量之外，二〇二三年秋天，聯合超級市場控股集團將於旗下的Maruetsu設置共同物流中心，透過共同配送的方式，進一步提升物流效率。

在這一連串變革下，門市人員從倉庫挑出補充商品的作業會跟著增加，所以新型態門市會試著導入自主協作機器人，看看能否藉此減少員工的工作。

借助機器人的力量，也是為了替未來的微型配送中心（Micro Fulfilment Center, MFC）鋪路，因為未來的網路訂單將越來越多，能一手包辦下訂單、結帳、退貨、資料管理的微型配送中心，也將因此成為全球標準。利用最新技術讓運作流程自動化的微型配送中心，也能為精簡人力做出莫大貢獻。

山本慎一之所以會如此積極地推動自動化，**在於他非常渴望改革傳統超市，因為傳統超市需要許多人力，但是每個人的產值（薪資水準）卻很低。**

「慶幸的是，零售業很積極地改善技術。我們除了希望以最低的人力創造更高的產值外，還希望打造一個讓少數的菁英員工創造更多附加價值的良性循環，讓人才願意來到超市上班。」（山本慎一）

我們的生活離不開零售業，而零售業的現場又將如何改變？計畫性地讓珍貴的人力從事該從事的工作，不足的部分再以自動化的方式補足，這種良性循環似乎正在形成。

案例三：減少三大照護業務負擔的產品與服務正在研發中

Future Care Lab in Japan

為了解決照護人力供需失衡的問題，利用機器人或感測技術這類資訊和通信技術（Information and Communications Technology, ICT）更有效率地完成業務，已成為照護產業最該優先解決的課題。Future Care Lab in Japan正在摸索該如何將相關產品或服務無痛導入照護現場，同時進行研發與驗證技術。這次我們採訪片岡真一郎所長與研發負責人芳賀沙織，關於該研究所研發產品與服務的應用情況。

透過科技讓周邊業務變得更有效率

Future Care Lab in Japan的主要業務是，根據照護現場的需求與開發企業的技術和知識，與製造商一同研發產品和服務，同時評估製造商開發的技術。

該研究所將照護機構的業務，分成直接照護患者的「直接業務」與「周邊業務」，並希望透過科技提升「周邊業務」的效率。該研究所特別在意進食、入浴、排泄這三大照護周邊業務的研發與技術驗證。

比方說，這三大照護周邊業務都有「記錄作業」這個部分。照護機構會以零分到十分共十一個評分等級，記錄患者吃了多少主菜與配菜，目視確認進食量的作業需要耗費不少時間，抄寫紀錄與集中管理紀錄也是很麻煩的作業，所以「記錄作業」是有待解決的課題。為了解決這個課題，該研究所開發以ＡＩ比較用餐前與用餐後的影像，藉此自動算出進食量的自動計測系統，也建立讓計測結果自動轉存為照護紀錄的流程。

照護設施通常會使用仰躺型電動升降洗澡床，幫助患者洗澡，而這類洗澡床必須兩名以上的員工一起操作，如果改用照護專用的淋浴裝置「美浴」，一名員工就能完成替患者洗澡的工作。

「美浴」是讓患者坐在入浴者專用輪椅上，再讓椅背往後躺，然後讓整台輪椅進入猶如巨蛋形狀的主機，接受噴霧式入浴的機器。「某些採用SOMPO照護的照護機構，會讓七十位患者中的十位使用這套機器。」（片岡真一郎）

如果從之前都讓患者躺在洗澡床上洗澡的方式來看，採用這種機器的確能有效減少員工的負擔。

另一個很有心理壓力的工作，則是幫助患者排泄的工作。該研究所與製造商一同開發「Wrappon packet」這套協助員工完成排泄照護工作的裝置。這套裝置是搭載自動包裝機構的尿布回收箱，只要將用過的尿布丟入，再按下按鈕，就能用熱封袋包住尿布，存放在回收箱裡。

「有許多員工都覺得利用報紙或塑膠袋包住尿布，然後從起居室拿到穢物處理室，再回到起居室是很麻煩的工作。採用這套裝置之後就能減少這類麻煩，也能減少員工被迫用手拿著髒尿布的心理壓力。」（芳賀沙織）

自動化讓員工更能專心處理直接照護的業務

三大照護業務這類直接業務是照護工作的核心，未來也希望排泄、入浴、從床上坐到輪椅，這類身心負擔極重的作業能夠自動化。在排泄方面，使用排泄預測感測器就能讓患者正常排泄，減少這類作業的頻率。

失能程度較高，需要尿布的高齡患者，可透過前面介紹的「Wrappon packet」，或是功能強大的攜帶型行動馬桶，減輕替患者清理的作業。如果能讓患者坐在輪椅上淋浴或洗澡，一個人就能完成照護作業也會變成常態。

在進食照護方面，配餐可由機器人負責，但餵食這類較為細膩的作業還是得由人力完成。在周邊業務方面，目前正在開發感測高齡者身體動作、呼吸、心跳數的生命徵象監測系統，以及於排尿前後發出通知的排泄預測裝置。

SOMPO照護機構的員工與患者，直接接觸的直接業務越來越多，片岡真一郎也提到，「今後的員工恐怕要具備更靈活的溝通能力。」預測了照服員的工作方式將有所改變。

提升業務效率無法完全解決照護人員不足的問題

今後的課題之一就是成本問題。日本政府在二〇二二年度調高採用移位、入浴的相關輔具，以及建立通訊環境的補助金額，但是有許多人都希望這類機器的通用性與功能可以進一步提升，技術與需求無法配合也是有待解決的課題之一。

該研究所必須透過社會福利業者的經營方針、機器的性能、方便性、終端使用者得到的好處、經濟性，以及其他的項目評估產品，再試著讓產品與需求彼此配合。

在照護機構採用機器人後，也必須提升第一線工作人員對科技或數位技術的識讀能力，所以經營者必須讓第一線工作人員接受這些技術，或是在組織內部建立證照制度，藉此改變企業文化。片岡真一郎提到，**「光是透過科技提升業務效率，無法完全解決二〇四〇年護照人員供需失衡的問題。」**

「以現況為例，必須試著將照護人員的部分工作交給支薪的義工處理，或是考慮到獨立支援的觀點，請機構中相對健康的患者協助照護。要透過科技快速完成照護業務，就必須拓展人才的來源。」(片岡真一郎)

正如該研究所到目前為止所做的一切努力，早一步透過科技改造照護服務，可以說是解決照護人力供需失衡的關鍵。

07
chapter

解決方案二：類工作活動

本業之外的活動可能幫助某個人

即將進入勞動力供給受限社會的日本，在各種職業、各個地區都會出現勞動力不足的問題，而要解決這個問題，除了讓「人力移動」或是「挖東牆補西牆」外，還必須轉換想法。

轉換想法的範例之一就是，本章介紹的「類工作活動」（Workish Act），指社團活動、興趣、娛樂這類非本業的活動，有可能「幫助某個人」的意思。

我們每個人都消費別人提供的勞動力，這種情況稱為「共生」，也稱為「互惠」，就像「每個人都是在互惠的情況下活著」。不過，這句話不只是某種場面話或信條，因為我們快要進入親身感受這句話有多麼可貴的社會。想要避開勞動力不足，導致生活無以為繼的未來，解決方案之一就是「類工作活動」。

這個類工作活動奠基於，**「接下來將出現典範轉移的現象，我們的社會也將轉型為每個人都能在不同場合活躍的社會」**這個假說。

當我們四處採訪並調查結構性勞動力不足的問題時，發現這個社會除了於本業付出勞動力的人之外，還有許多各式各樣的勞工，包括以下例子：

- 利用智慧型手機的遊戲拍攝當地的人孔蓋、電線桿，同時加上定位資訊，讓當地基礎建設的情況全部攤在眾人面前。已經有大型電力公司利用這些電線桿的資料，進行初期檢修的工作。
- 一邊享受旅行，一邊解決某個人的問題。在想去陌生地區旅行的人與某個需要幫助的人互相認識，解決陌生人的問題便成為旅程的活動。

- 透過慢跑或散步的方式「巡邏」社區的活動，已經在全國各地普及。警察或地方政府總有無法守護的區域，所以參與這個活動的人會趁著通勤時、工作空檔，或是為了養生，一邊慢跑、散步，一邊在各自做得到的範圍巡邏自己的社區。
- 照護現場有許多非照護人員也能完成的業務，例如替患者安排休閒活動，或是和患者閒聊，以及幫忙照護機構製作與經營官方網站，這些業務都能請那些關心照護現況的人分擔。

動機是「很開心」、「有收穫」

這些非本業的勞動或是工作之外的活動，都有「幫助某個人，解決某個人的問題」的性質，而且不像家事這類影子工作是義務性質，這種類工作活動的特徵之一，就是能得到某些報酬（金錢報酬、心理報酬、社會層面的報酬）。

由於這類非本業的勞動或工作之外的活動，能得到某些報酬，所以我們將這種為了某個人解決問題的活動，稱為「類工作活動」。

Workish Act這個詞彙是由兩個單字組成：

- Workish：對社會產生某些作用的感覺。
- Act：各種活動（本業以外的活動）。

這裡的Workish不只是「類工作」的意思，還具有英文的「使其運作，產生作用」的意思；至於Act就是字面意思的「活動」，但是也有「舞台角色」的意思，這意味著每個人在今後的社會裡，不只需要工作，還有可能需要扮演不同的「角色」。

這種類工作活動都有一些不太明顯的共同特徵。

其中最大的特徵在於，所有的參與者並非抱持著某種崇高的社會理念或信念參與活動，而是「因為開心，所以參與」，或是「因為有所收穫，所以參與」，這就是他們的動機，他們也的確幫助某些人解決問題。

此外，報酬也有很多形式。類工作活動所能獲得的對價有很多形式，有些是金錢方面的報酬，有些是能夠得到地方的聲望，有些屬於社會層面或心理層面的報酬，有些則是複合式的報酬。

我們提倡的類工作活動，之前都被稱為「慈善活動」、「志工活動」、「社區活動」、「副業」、「興趣」，有時還被稱為「娛樂」，而類工作活動其實是這些活動的綜合，最終都能幫助某些人或是解決某些人的問題。

在勞動力供給受限的社會裡，真的能夠將上述這些活動只看成某種慈善活動或娛樂嗎？我們是不是該進一步正視這些活動的價值呢？因為這些原本「只是為了自己做的事情」，很有可能最終成為對某些人的幫助。

前面提到的四個類工作活動範例，都已經是實際進行中的活動。其實日本社會已經出現一些足以解決勞動力缺口的「徵兆」，名為希望的「幼苗」已經悄悄冒出頭。

我們非常希望各位讀者能了解這些「幼苗」，如果只以「好啦！好啦！就是志工嘛！」「就是副業，對吧？」或是「就是常見的手機遊戲嘛！」一句話帶過，就無法了解潛藏在這些徵兆背後的重大意義。

不過，從類工作活動的觀點看待這些活動，就會發現接下來介紹的各界新銳做了許多努力，而這些努力都蘊藏許多在勞動力不足的限制下，打造永續社會的創意。

我之所以能想到類工作活動這個概念，完全是因為見識到這些新銳所做的努力，如果各位能從接下來的內容中，稍微感受到當下的我有多麼驚訝與興奮，那真是身為作者的榮幸[34]。

34 後續提到的任何職稱或部門，都是當下採訪（二〇二三年三月）的職稱與部門。內容都來自 Recruit Works 研究院官方網站，「類工作活動相關採訪」。

實例一：一邊玩手遊，一邊巡邏在地基礎建設

非營利組織Whole Earth Foundation日本事務所　福田恭子

隨著勞動力供給的缺口越來越大，那些讓日常生活得以成立的基礎建設也就越來越沒有人維護。為了解決這個課題而成立的是，在新加坡設立據點的非營利組織「ＷＥＦ」（Whole Earth Foundation），日本事務所的福田恭子為了以市民的力量收集在地基礎建設資訊，藉此建構生態系統而不斷奔波，我們這一次也請教她，在這股新浪潮的浪潮發生了哪些變化。

以在地居民的力量守護在地基礎建設

──為什麼要開發應用軟體，收集人孔蓋這類基礎建設的照片？

「我們非常關心社會基礎建設老舊化的問題，全日本約有一千五百萬個人孔蓋，其中已有三百萬個超出使用年限，但是一年最多只能更新十萬個。一直

以來，我們都非常關心電線桿、馬路及各種基礎建設的老舊化問題。

ＷＥＦ創辦人暨代表加藤崇於二〇一五年在美國矽谷創辦Fracta這家公司，開發預測自來水管線劣化程度的軟體與系統。這套系統在美國已有二十八州和七十家自來水公司採用（二〇二二年七月底的數據）。

在這個過程中發現，如果不解決基礎建設產業的結構性問題，試著改造整個產業，就無法解決基礎建設老舊化的問題，而要改造整個產業，傾聽市民的聲音就十分重要。

比方說，負責管理下水道的地方政府職員通常只有幾個人，不太可能負責數萬到數十萬處的人孔蓋維修作業。由於檢修作業必須實際巡視現場，所以區區幾個人絕對無法解決基礎建設老舊化的問題。

為了讓這些地方政府職員能夠專心處理需要勞力的修繕與更換業務，ＷＥＦ希望打造一個由市民提供資源的生態系統，藉此有效率地守護在地基礎建設。其實，我們也從地方政府聽到這類需求。

我們之所以能夠安心地生活，都是因為享受許多生活維持服務。不過，大部分的在地居民都認為，基礎建設的維護是『行政機關該做的事情』或『別人該做的事情』。人口明顯減少的地方政府，既找不到足夠的人力，也籌不到足夠的稅收，所以很難找到維護基礎建設的人力。

我認為，必須讓在地居民具有『自己的城鎮，自己守護』的概念。我們開發的手機遊戲如果普及，應該就能讓在地居民改變想法，承擔起守護基礎建設的責任。」

——所以就是基於這個理念，才開發由市民參與的社會貢獻型手機遊戲《鐵與水泥的守護者》，以及進階版的《TEKKON》嗎？

「這兩個遊戲都是讓市民一起替基礎建設拍照、上傳照片，以及撰寫評論的軟體，目的是為了維護基礎建設，解決基礎建設老舊化的問題。一開始，《鐵與水泥的守護者》只用來檢視人孔蓋，到了《TEKKON》之後，則追加電線桿。《鐵與水泥的守護者》這套軟體在一年內收集到九十一萬個的人孔蓋資料，至於在二〇二二年九月發表的《TEKKON》則是在發表不到三個月，就收到五十萬處基礎建設的資料，而且收集的速度越來越快。我想，這是因為使用者對我們想要回饋社會的心情產生共鳴造成的。

不過如果只是這樣，應該無法掀起這樣的熱潮。我認為**這兩個遊戲的魅力不只是『讓自己的城鎮變得更好』，而是『能一邊玩遊戲，一邊維護基礎建設』**。

《TEKKON》發表之際，採用一般玩家也能獲得點數的系統，之後就有許多人上傳照片與撰寫評論。我認為在『有趣』與『做越多越能得到報酬』這兩個激勵因素交互作用下，才會掀起這波熱潮。

接下來是創辦人加藤崇的意見，**我們想做的不是榨取『對社會有所貢獻』這種善意的能量，而是希望給使用者一些對價的好處，讓兼具社會價值與經濟價值的『社會經濟價值』回饋到市民身上的系統，將成為一種良性循環。**」

市民、基礎建設企業、地方政府攜手合作

——軟體發表之後，使用者有什麼反應嗎？

「在《TEKKON》的重度使用者，也就是『職業使用者』之中，有兩個月上傳三萬處基礎建設照片的人，我覺得對方應該是把玩這套遊戲當成日常生活的一部分或某種習慣。

舉辦活動時，也試著讓地方政府的人孔蓋定位資訊與市民收集的圖片連結，結果發現有些人孔蓋不在地方政府管理之列的情況。由於地方政府的人力不足，所以只要市民沒有通報或是沒有陳情，通常無法抵達現場巡視，當然也會因此出現未受管理的人孔蓋。有些使用者會在照片附上『有裂縫』、『有缺損』這類評論，如此一來，就能更快確認基礎建設的劣化程度，比方說，靜岡縣三島市就曾根據這類資料更換四個人孔蓋。

前幾天在大阪舉辦使用者交流大會時，來了許多對人孔蓋或電線桿知之甚詳的使用者。『你去看那邊的人孔蓋了嗎？』『看了，看了。』現場充斥著這

種狂熱分子的對話。最令我印象深刻的是，現場的來賓都是走在路上，就會不自覺將注意力放在人孔蓋或電線桿的人，許多人對於人孔蓋或電線桿的關注程度，早已超越興趣的程度。

雖然每位來賓的年齡不盡相同，但是不乏一天不拍照上傳就覺得煩躁的人，也有為了拍照而故意繞遠路上班的人，或是每天一起散步，一起拍照的夫婦，以及趁著打工或是接小孩的空檔拍照與上傳的人，甚至還有為了研究商業模型的學生團體。」

——似乎對企業或是地方政府更有興趣了。

「有些地方政府想透過遊戲活動收集基礎建設資料、有些地方政府則是希望提升市民對基礎建設事業的興趣，以及有些地方政府則是與企業合作。以電線桿為例，北陸電力已經開始利用敝公司的這套遊戲軟體實驗，試著了解最終能夠節省多少勞力。如果北陸電力一小部分的檢查業務能由市民負責，讓業務更有效率地完成，這套軟體光是這樣就很有價值了。」

案例二：以樂在其中的「跑步巡邏」守護社區

註冊的非營利組織法人　改革專案代表理事　立花祐平

在勞動力供給不足的情況下，該怎麼做才能維持社會治安及提供在地居民相關服務？解決這個課題的線索之一就是「Patorun」，這是市民一邊慢跑，一邊巡邏在地社區的慢跑巡邏，如今這種慢跑巡邏已從福岡普及至全國。這次我們採訪註冊的非營利組織法人改革專案代表理事立花祐平，請教他在本業之外從事多個類工作活動的價值。

起因為慢跑風潮

——慢跑巡邏是如何開始的？

「關注環境問題，從事相關活動的人越來越多了，但是在本業之外，將地區課題視為志業的人還不多。話說回來，我覺得只要有機會，想為地區貢獻一己之力的人其實不少。只要更多人參與在地事務，應該就能打造更好的社會。

我之所以會發起慢跑巡邏這項活動，是因為之前有位一起淨灘的女性成員，在回家途中被陌生人傷害。當時我覺得『沒想到在這麼安全的地區，居然會發生這種事情』，也因此大受衝擊，所以才會以團體活動的方式，號召大家參與巡邏活動。

雖然當時的主要成員都是二十幾歲，但大部分都是平安無事的日子，所以很難維持巡邏的熱情，差不多到了半年之後，就只剩下我一個人。當我開始思考『該怎麼做才能讓活動維持下去』這個問題時，剛好掀起一股慢跑風潮，到處都是跑者，所以我才突然想到，『讓這些跑者一邊慢跑，一邊守護地區的活動或許可行』，這就是這個活動的緣起。

全國各地陸續傳出無辜小孩莫名犧牲的新聞，例如小孩被陌生人拐走，或是小孩被留在車裡，結果中暑熱死的新聞都十分常見。如果各地都有慢跑巡邏的成員，絕對不會放任小女孩一個人走在路上，因為慢跑巡邏的成員一定會覺得『這樣不太對勁』，然後從遠方守護這個小女孩，或是試著跟這個小女孩打招呼。我覺得能像這樣隨時察覺地區異常或怪事，『以溫暖的心守護地區』的人才越來越少，是目前有待解決的課題。

有些地區則有『無法發聲』的人。比方說，受到家暴或虐待的小孩通常無法自己發出求救訊號，但其實曾有小孩用眼神向擦身而過的慢跑巡邏成員發出『救救我』的訊號。光是擁有這種『守護他人的感測器』，就能讓更多人得救。

『自發行動』的人目前還是少數，許多人也都認為『警察與地方政府應該更認真一點』，然而將所有責任都丟到警察或地方政府頭上，真的合理嗎？不過我覺得時下的年輕人似乎開始覺得，自己也是承擔社會活動的一分子了。」

最強的動機在於成員之間的交流
——都是哪些人參與慢跑巡邏？

「目前登記的成員約有兩千五百人左右。核心族群為三十歲到五十歲，大部分都是不再需要帶小孩的世代，也有許多人是趁著工作空檔參加活動，甚至有些人是在上班途中參與慢跑巡邏的活動。

除了這些族群之外，也有與家長一起參加的小學生。至於較年長的成員，我們則是請他們以一邊散步，一邊撿垃圾的方式參與活動。能用自己的方式在合理範圍參與活動，也是慢跑巡邏的魅力之一。」

——那些能長期參與活動的人，動力從何而來？

「在上下班途中參與活動，或是習慣一邊慢跑，一邊巡邏的人，通常能持續參與活動。

我們為了維持成員的動力，建立『優秀慢跑巡邏員』這項制度，讓達成活動標準的成員能夠得到這個稱號，而且我們會頒贈證書和周邊商品，還會把這些成員的名字公布在官網上。此外，我們也建立統計慢跑巡邏員活動的『小巡邏員』系統，以排行榜的方式記錄活動的實施次數與時間。

話說回來，最大的動機還是成員之間的交流。之前因為新冠疫情爆發的關係，讓成員之間無法繼續交流，在觀光地區實施的趣味慢跑巡邏活動也無法繼續舉辦，但是這些活動已於二〇二二年重新啟動。

每個人參與活動的動機都不同，但都是為了健康。比方說，覺得自己最近變胖、喝酒喝太多、健康檢查的數值不太好看、想要找回健康的人，大概占了三成多。另一種就是想要參與社會活動的人，『如果慢跑這項興趣能為地區做出貢獻，何樂而不為』的人大概占了三成。此外，就是看到朋友在社群媒體上傳自己穿著慢跑巡邏員的T恤，或是在馬拉松大會上看到穿著慢跑巡邏員T恤的成員後，覺得『好像很有趣』而參與活動的人。」

擁有職場之外的去處

——類似的活動已在全國各地普及，慢跑巡邏員的魅力到底是什麼？

「或許『我也做得到』這種門檻不高的感覺，就是慢跑巡邏員的魅力。雖然有六成的成員平常就有慢跑的習慣，但剩下的四成都是之前沒有慢跑習慣的人。有些人是希望擁有另一個去處，或是交朋友才會參加活動。

我們曾透過問卷詢問『慢跑巡邏員的魅力是什麼』這個問題，結果有八到九成的成員回答：『慢跑巡邏員之間的革命情感。』看來透過慢跑巡邏建立的羈絆就是最大的魅力。

我們會盡可能量化巡邏的效果，讓成員實際感受到參與活動的成效，但其實這件事很難做到。大部分的人應該都是覺得參與活動很快樂、很充實，覺得『自己已經得到回報』，覺得這樣很有魅力的人。雖然『對社會做出貢獻』的心態也很重要，但是放下負擔，選擇『樂在其中』的人，或許才能長期參與活動。

從二〇二一年後，我們以公司內部成員每月舉辦兩到三次的方式，舉辦「慢跑巡邏員社團」。第一次活動是在茨城縣的企業舉辦，該企業將這個活動定位為永續發展目標（Sustainable Development Goals, SDGs）的一環，以及促進員工健康的活動。二〇二二年度也準備在多家企業創立這種社團。

至於與地方政府合作的部分，我們和愛知縣西尾市簽訂全面合作協定，準備一起推廣慢跑巡邏員活動。此外，在各地設立據點的慢跑巡邏員團體與地方政府、警察，或是非營利組織合作的案例也越來越多。」

——想透過慢跑巡邏員的活動打造怎麼樣的社會？

「第一個目標當然是消滅犯罪，但這或許是附加價值。**我覺得透過慢跑巡邏員的活動，讓更多人能擁有另一個棲身之處，活得神采奕奕，從本質來看是更重要的事情**，如果能因此讓更多人關心自己的社區就好了。

今後當地社區將會面對人才極度不足的問題，而在這樣的社會擁有一個職場以外的棲身之處，應該會越來越有價值。一直以來，只有職場人際關係的人在退休後，往往很難立刻融入在地的活動，其中又以中高年男性居多，但是其實若要融入這些活動，就不能以工作的心態出發，而是要以樂在其中的心態參與。

由團體舉辦的馬拉松大會招募志工，而最常應徵的志工就是女高中生，這意味著她們很關心社會，也似乎對大學推甄有所幫助。

也就是說，不管參與當地社區活動的契機是什麼，從中獲得一些經驗與感受才是最重要的事情。我覺得如今的社會潮流很適合發展這類活動和我們的活動，這在十年前剛開始舉辦活動時，是完全無法想像的事情。」

從成功案例學到的三個重點

剛剛我們介紹了「類工作活動」的一些實例，以及實際發起這類活動的人的意見，幫助大家了解除了本業以外，有些活動或許真的能夠幫助別人。

就結論而言，這類活動之所以能夠持續舉辦與推廣，總共有三個重點：

一、「最終」幫助別人；二、能夠得到某種「報酬」；三、能趁著空檔參與。

在一、**「最終」幫助別人這一點**，就如同立花祐平那句「不管參與當地社區活動的契機是什麼」，不一定非得是在意社會正義的人才能參與活動。無論參與的契機是「想要禮券」、「覺得很有趣」、「受到別人邀請」，還是「對大學推甄有利」，都無所謂。

「只要該活動最終能幫到別人」，那麼在勞動力供給受限社會中，這絕對是一〇〇%重要的事。透過資料可以知道有哪些「參與活動的理由」，這部分也將在後面介紹。

至於**二、能夠得到某種「報酬」**也很重要。為了讓活動能持續舉辦，發起人想過各種報酬與報償，有些報酬是金錢、區域貨幣、積分這類經濟方面的對價關係，有些則屬於社會層面或心理層面的報酬，例如能夠得到在地人士的表彰，或是能在社區裡過得怡然自得，這些報酬的設計與組合也都是透過邊做邊學的方式找到的。

前面也提過，重點在於這些活動不能只是從人們身上榨取「成就感」或「善意」，必須提供合理的各種對價，活動才能長長久久地維持下去。如果只是一味要求參與者付出善意，活動絕對無法長久舉辦。

最後的**三、能趁著空檔參與**這點也很重要。簡單來說，這就是讓本業以外的活動「轉換」對某個人的幫助，也是讓那些透過本業賺取豐厚收入的人，在從事類工作活動之後，得到本業無法得到報酬的概念。

「慢跑巡邏」這項活動絕對是透過平常的習慣，幫助某個人的最佳方式之一。就運動效果而言，在健身房慢跑與穿著「慢跑巡邏員」的T恤在社區慢跑是一樣的，但是在勞動力供給受限社會的社會參與度卻截然不同。之所以會出現這種差異，不在於「這是很厲害的活動」，只是「制度的問題」而已。

這種「能趁著空檔參與」，又能透過平常做的事情幫助別人的制度，似乎還有很多不同形式，也等著我們發掘。

圖15：類工作活動的實施率（占實施者的比例）

里民大會、自治會、大樓管委會的地區活動	28.1%
能創造收入的副業或兼職	21.3%
透過嗜好與娛樂等進行社區參與	20.1%
幫忙企劃與經營小孩的教育活動（例如幫助學校經營、家長會或小孩的同樂會）	11.6%
參與農業或是保護大自然的活動	9.1%
清掃馬路或是公園這類公共空間	9.1%
幫助鄰居的生活大小事（除雪、除草、接送）	9.1%
參與運動指導或是樂團的藝術活動	8.1%
參與消防宣導活動、預防犯罪活動、交通安全活動，以及其他與社區安全有關的活動	5.3%
不會創造收入的副業或兼職	5.1%
振興城鎮活動	4.0%
幫忙照顧家人以外的高齡者或需要照護的人	3.9%
參與傳授專長的活動（例如〇〇補習班、〇〇教室，也包含線上課程）	2.5%
參與職業志工*活動（利用專業知識或技能參與的志工活動）	2.4%
幫忙別人帶小孩	2.5%
擔任民生委員、兒童委員，傾聽在地居民的意見	2.4%
參與災後重建的活動	2.4%
協助與參加照護中心、醫療機構的活動	1.9%
參與上述以外的志工活動	10.2%

*利用工作專長參與的志工活動。
資料來源：Recruit Works研究院，2023年，《未來預測2040》。
以下若無特殊註記，資料來源皆相同。

每四人就有一人參與類工作活動

為了解類工作活動的現況，也實施相關的調查[35]。這次以二十歲到六十九歲在日本居住的人為對象，詢問這些人是否已從事既能滿足他人勞動需求，又是本業以外的活動，不管從事這類活動的理由，也不管活動的型態。

在這份問卷的受訪者中，約有二五．六％的人回答目前已從事某些類工作活動，如果換算成日本的總人口數，大約是一千九百六十六萬人[36]，至於回答未從事類工作活動的受訪者約有二四．二％。如果將已從事類工作活動與準備從事類工作活動的人加總，換算成日本的人口大約是三千八百二十四萬人。

35 Recruit Works 研究院，二〇二二年，「勞動替代活動調查」。樣本規模五千四百八十二人。依照人口動態決定居住地、性別、年齡層的受訪者人數。本章的圖若無特別表記，資料來源皆為本調查。

36 根據日本總務省統計局「人口推估」資料，推算二〇二一年十月二十歲到六十九歲的人口數。

從事類工作活動的前三大理由

接著，我們也詢問從事類工作活動的理由，也將結果整理成圖16。

從事類工作活動的前三大理由如下：

- 想認識不同的人，擴大交友圈（二九・一％）。
- 想度過愉快的時光（二五・二％）。
- 受到家人、朋友、認識的人拜託（二二％）。

從結果來看，或許會覺得參與類工作活動的人並非關心社會的一群人（回答「想對社會有所貢獻」只有一九・一％），這代表大多數的人都是「對自己有好處」或「受到別人邀請」，才會從事類工作活動，而這也是真正的情形。

不過就結果而言，這種類工作活動都有可能滿足某個人的勞動需求，或是

圖16：從事類工作活動的理由（參與者／可複選）

想認識不同的人，擴大交友圈	29.1%
想度過愉快的時光	25.2%
受到家人、朋友、認識的人拜託	22.0%
覺得能獲得一些幫助自己成長的經驗	21.2%
想對社會有所貢獻	19.1%
想度過悠哉的時光	17.8%
想得到新知識、新技術與經驗	16.4%
因為之前蒙受許多照顧，想要有所回饋	15.2%
除了最低生活費外，想留住存款與能自由使用的金錢	15.2%
為了維持生計（賺取生活費或學費）	14.8%
或許自己之後也需要別人照顧，所以想試試自己做得到的事	12.9%
想證明自己的知識或能力	12.8%
沒有什麼理由，就是想參加	9.9%
能立刻確認成果，了解對方的反應，得到最直接的感受	7.3%
今後想要正式從事這類活動	6.9%
其他	5.8%

圖17：從事類工作活動的人

	未曾參與活動	曾經參與活動	經常參與活動
大都會區	76.5%	19.0%	4.5%
都會區	71.8%	22.3%	5.9%
外縣市	70.6%	23.8%	5.5%

圖18：從事類工作活動的平均時間（小時／月）

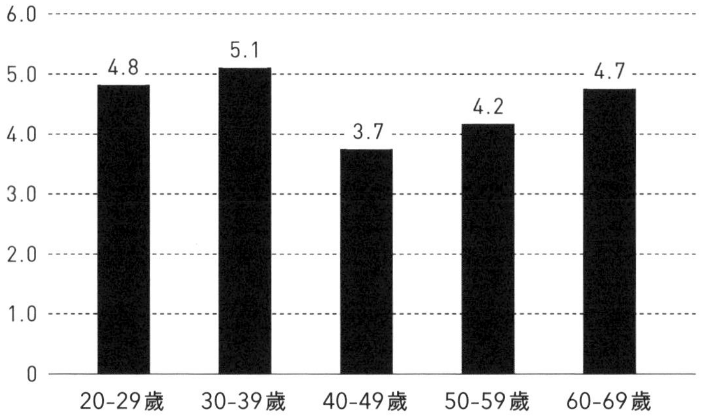

幫助某個人，所以無論參與類工作活動的理由為何，在勞動力供給受限社會之中，都是極具價值的活動。

類工作活動在非都會區特別盛行

到底都是哪些人參與類工作活動？從調查得知，主要可分成三種人：經常參與活動的人、偶爾參與活動的人，以及未曾參與活動的人[37]。

經常參與類工作活動的人，通常是住在大都會區[38]之外的外縣市居民。就大都會區的數據而言，「曾經參與活動」的比率為一九%，「經常參與活動」為四．五%；至於從外縣市的數據來看，「曾經參與活動」的比率為二三．

37 這裡的「經常」是指每個月參與二十五小時以上的人，出現率約占受訪者的前二〇%。
38 指的是首都圈（東京都、神奈川縣、千葉縣、埼玉縣）、愛知縣、阪神圈（大阪府、京都府、兵庫縣）的東名阪區域。此外，都會區則是政令指定都市的都道府縣。外縣市則是指上述都市以外的都市。

八%，「經常參與活動」的比率為五・五%（圖17）。

我們已將各年齡層每月平均參與時間整理成圖18。這張圖呈現有趣的「U字型」，而U字型的底部為四十世代的人，二十世代、三十世代的比例較高，本業工時較短的六十世代族群也占相當高的比例。

由此可知，常被譽為「斜槓工作」、「斜槓職涯」的年輕世代，似乎真的常常「同時從事多種活動」。類工作活動可在各種場合扮演不同的自己，或許今後有機會從年輕世代開始普及。

遠距工作真正的價值

此外，就工作環境而言，類工作活動與公司制度之間的關係也是值得觀察的部分（圖19）。比方說，有無遠距工作的機會會影響人們是否參與類工作活動。「每個月有一、兩次遠距工作機會」的人在「未曾參與活動」的比率為一五・七％，「曾經參與活動」的比率為二二・九％，「經常參與活動」的比率則達到三四％。

由此可知，有無遠距工作機會是能否參與類工作活動的一大因素。遠距工作可以減少通勤時間，也就能多出可自由分配的時間，因此**當企業採行遠距工作制度，員工能自由分配的時間就變多，這一點很有可能在勞動力供給受限社會中成為重大的社會貢獻**。

二〇二三年，日本正在討論產前、產後的遠距工作模式，但我覺得遠距工作模式的價值不僅止於此，遠距工作還有可能是企業對社會的貢獻，也會帶動整個社會的動力，我們都該對遠距工作抱持正面態度。

此外，日本人全國通勤平均時間為一小時十九分[39]。關東地區的通勤時間較長，全國通勤時間最長的地區為神奈川縣的一小時四十五分，東京都的通勤

39 日本總務省統計局，二〇一六年，「社會生活基本調查結果」。

圖19：所屬公司的制度與類工作活動之間的關係（回答「有制度」的百分比）

	未曾參與活動	曾經參與活動	經常參與活動
每個月有一、兩次遠端工作機會	15.7%	22.9%	34,0%
有支持志工活動的制度	5.6%	12.5%	14.8%
有透過社團活動促進員工交流的制度	5.9%	7.6%	9.1%
有不管任何理由都能申請的長期休假制度（例如Refresh休假、學術休假）	11.4%	18.3%	17.7%
有允許從事副業或兼職的規定	9.1%	17.5%	24.4%

時間也是偏長的一小時三十四分鐘，至於通勤時間最短的地區則是大分縣，時間為五十七分鐘。前面提到大都會區的類工作活動參與率之所以較低，或許和通勤時間的長短也有關係，這意味著通勤時間較短的地區或許更具備改造日本社會的潛力。

其他像是支持志工活動、促進員工交流，不管任何理由都能申請的長期休假制度，或是允許從事副業或兼職的規定，當公司建置上述這類制度時，意味著員工更有機會參與類工作活動，企業也能支持員工這類個人活動。**企業能為勞動力供給受限社會做出的貢獻之一，就是不要讓勞工被職場困住。**

當我們了解「企業能在勞動力供給受限社會做出哪些貢獻後」，會在第九章做出結論。

我們也針對個人的工作型態、工作認知、做家事、帶小孩、對經濟負擔的預測進行調查（圖20、圖21）。

在工作型態與工作認知的部分，最明顯的特徵在於回答「就算同時從事兩種工作，兩邊都能全力以赴」，或是「會看情況展現不同的自我」的人，參與類工作活動的比例較高。

參與類工作活動之後，有可能更想參與類工作活動，也有可能是因為很想參與類工作活動才參與，但無論是哪種情況，都和「想在不同的場合活出自我」的心情有關。

要注意的是，即使參與類工作活動，也不一定代表對本業有所不滿，從「想在目前的公司做到退休」的回答率，看不出兩者之間的關係（無論是否參與活動，想工作到退休的人還是落在四〇％左右）。

那麼生活型態是否會影響類工作活動的參與率？照理說，做家事、帶小孩、照顧家人這類居家勞動若是占據大部分的時間，應該很難參與類工作活動，但是「未曾參與活動」的人在做家事、帶小孩與照顧家人花費的時間最少，兩者沒有顯著關聯（圖21）。

有些人除了工作外，還會做家事、帶小孩、照顧家人及參與各種活動，但是為了不讓這類人太過辛苦，或是能給予一些建議，必須建立一些相關的社會制度，**只在公司上班，不算是參與社會的活動**。

在家庭經濟負擔的預測方面，回答「會變得輕鬆」的人較有機會參與類工作活動。一如「倉廩實而知禮節，衣食足而知榮辱」這句話，經濟狀況穩定的人肯定較有機會參與類工作活動。

圖20：個人的工作型態與工作認知
（回答個人情況「符合」下列問題的百分比）

	未曾參與活動	曾經參與活動	經常參與活動
就算同時從事兩種工作，兩邊都能全力以赴	26.5%	37.6%	50.6%
會看情況展現不同的自我	41.6%	52.5%	55.7%
想在目前的公司做到退休	39.6%	42.1%	38.8%

圖21：做家事、帶小孩、照顧家人的時間、經濟負擔

	未曾參與活動	曾經參與活動	經常參與活動
做家事、帶小孩、照顧家人的時間（工作日）	2.26小時	2.54小時	2.48小時
做家事、帶小孩、照顧家人的時間（假日）	2.84小時	3.26小時	2.97小時
五年後的經濟負擔「會變得輕鬆」	11.7%	19.8%	22.4%
五年後的經濟負擔「會變得沉重」	**36.1%**	**34.9%**	**38.0%**

*下面兩列的數據來自「會變得輕鬆／不會有什麼改變／會變得沉重」的問題。主要是回答「會變得輕鬆」與「會變得沉重」的人的比例。

類工作活動令人意外的效果

類工作活動能帶來哪些效果？請參見圖22所示。

就類工作活動對生活帶來的滿足感來看，由於這部分與經濟狀況有關，所以我們根據前述經濟負擔的「會變得輕鬆、不會有什麼改變」和「會變得沉重」進行分組與驗證，發現不管是前者或後者的群組，**參與類工作活動的人對生活感到滿足的比例較高**（要擺脫沉重的經濟負擔，當然需要外力協助）。

我們無法從這一次的調查結果得知，是因為覺得生活很滿足才參與類工作活動，還是因為參與類工作活動才覺得生活很滿足，但不難想像的是，是否參與類工作活動和生活是否滿足有關，當兩邊都維持正常，就能創造良性循環。

至於人際關係方面，「在不知道該怎麼辦時可以尋求幫助」的項目也告訴我們，越常參與類工作活動的人就越強大。孤立、孤獨早已是嚴重的社會問題，能和別人產生連結的感受，正是促進類工作活動普及的因素之一。

圖22：類工作活動與生活滿足度、人際關係的感受（符合項目的百分比）

	未曾參與活動	曾經參與活動	經常參與活動
五年後的經濟負擔「會變得輕鬆」	50.7%	63.5%	63.9%
五年後的經濟負擔「會變得沉重」	31.3%	41.7%	42.3%
在不知道該怎麼辦時可以尋求幫助	49.1%	64.5%	64.7%
想助他人一臂之力	49.7%	68.5%	70.2%
對自己所屬的社群（職場或地區）的規則、制度不滿時，會主動提出建議並採取行動，試著改變社群	18.1%	30.8%	38.0%

此外，常參與類工作活動的人似乎也有「對社群不滿時，會主動提出建議並採取行動，試著改變社群」的顯著傾向。日本的傳統社會正逐漸萎縮與消失，許多人也在討論這種傳統社會該如何進化，而這種想要改變社會的人變多，或許是傳統社會得以進化的關鍵。

參與類工作活動可從日常生活感受到小確幸，當我們知道有許多人可以幫助自己，我們也能幫助到陌生人時，整個社會就有可能變得更好。

創新全新的「工作方式」

我覺得類工作活動可以是弭平勞動力缺口的解決方案之一。

參與類工作活動不需要在乎參與的契機，也不需要在乎是否能賺到錢，更不需要在乎參與過程的心態，重點在於最終是否能「幫到別人」，也就是能否「滿足勞動需求」。

比方說，一週花好幾天在健身房跑步的人穿上鮮亮的制度，改成在戶外跑步，就能或多或少地幫助警察或警衛的工作；很想要找個人聊天的人若是去照護機構陪患者聊天，也能幫到照服員的忙，讓照服員的工作輕鬆一點。

今後我們將進入一個越來越需要滿足某個人勞動需求的社會，而且這種需要滿足別人勞動需求的迫切程度也是前所未見，在這樣的社會裡，類工作活動很可能和娛樂結合，讓人們樂於參與類工作活動，滿足別人的需求並非苦差事。**勞動力供給受限社會重視的是人類與生俱來的社會性，也就是只要我們還活著，就一定會在不知不覺中成為某個人的助力。**由於類工作活動的系統與平台尚未完善，所以現在的類工作活動才會如此依賴他人的犧牲奉獻或是善意。

此外，當我們調查類工作活動的實際情況之後，發現是否參與類工作活動和當事人的能力或技術高低無關。光是願意參與類工作活動，這件事本身就有價值，也值得感謝。不過，也不是誰都能參與類工作活動（因為勞動力本來就不足，所以參與類工作活動的人當然不多）。

「誰都能做得到，但是誰都無可取代。」

如果是之前的社會（勞動力充足的社會），這兩種性質是矛盾的，但是這兩種性質不會互相矛盾的社會即將到來。

一旦這樣的社會到來，「勞動」或「工作」的樣貌將大幅改變。「不屬於勞動或工作的部分」改變之後，每個人對於勞動或工作就會產生需求，勞動力供給受限社會也具有創造全新工作方式的潛力。

08

chapter

解決方案三：銀髮族的小型活動

能助別人一臂之力的事情，不一定是工作

高齡人口的比率節節上升，勞動力的缺口也越來越大。當這樣的未來來臨時，所有的人及高齡者都必須時時提醒自己，在合理範圍內為社會做出貢獻。

話雖如此，但是大部分的人都不太可能在上了年紀後，繼續像年輕時那樣工作。再者，能助別人一臂之力的事情也不一定是工作。當人力越來越不足時，從事各種「活動」的銀髮族也會越來越多（本章將受僱於公司，能夠得到

金錢報酬，還有必須在固定的日子、時間從事的事情，定義為「工作」；以及將那些不一定會得到金錢報酬，或是不需要在固定的日期或時間從事的事情，定義為「活動」）。

現代人恐怕還很難想像，哪些是適合高齡者從事的活動。因此我們的未來預測研究貼身觀察四十幾位銀髮族的一天，試著了解哪些是銀髮族能夠輕鬆參與的工作及社會活動。

我們希望透過本章介紹的實際案例，幫助大家了解**「哪些是能幫助高齡者過得幸福快樂的活動」**。

本研究以正從事某種工作或是活動的銀髮族為調查對象，也請教這些調查對象關於工作與活動的具體內容、從事這類工作與活動的契機、成就感及辛苦之處，至於這些調查對象從事哪些工作與活動，具體的相關內容也已整理成圖23、圖24。

銀髮族參與各種活動的理由

高齡者工作的一大動機就是收入，不過與其像壯年時，從事薪水高、負擔大的工作，高齡者更偏向收入普通、負擔較輕的「輕度工作」。

比方說，如果高齡者已經沒有要扶養的家人，每個月的老人年金加上收入能達到十萬日圓，通常就夠用了，而且只需要從事管理員或負擔較輕的工作，或是從旁輔助別人工作的工作，不再需要像壯年時從事負擔那麼重的工作。

此外，許多高齡者除了賺錢之外，也會慢慢增加自己的活動範圍，從事各種不同的活動。採訪時有許多高齡者告訴我們，他們會參加里民大會這類在地活動，或是家庭菜園這類農業活動，也會負責打掃、管理大樓或公共設施。

從事這類活動的契機有很多，比方說，受人之託就是其中之一，例如里民大會主席或大樓管委會主委引退，受人拜託而擔任，或是想要出門活動身體、與當地居民建立人際關係，以及打發時間，也都是從事這類活動的原因。

圖23：受訪者從事的工作

- 在圖書館負責借還書的工作
- 在公立小學當志工或是班級的小幫手
- 維護與管理小學的校舍
- 負責引導學童，給予建議
- 充當保母，幫忙帶小孩
- 幫助身心障礙的兒童
- 維持交通
- 管理公園（打掃、修剪植物、除草）
- 在私人補習班指導學生
- 擔任兒童館的員工
- 管理里民活動中心
- 代理並銷售化妝品、健康食品
- 經營電腦教室
- 經營香氛服務事務所
- 經營與管理立體停車場
- 在中小型公益法人負責會計事務
- 在活動規劃公司負責行政雜務
- 在企業負責資料翻譯作業
- 在保險公司當業務員
- 在旅館接待客人
- 擔任社會保險勞務士
- 在停車場幫忙引導交通
- 打掃與消毒疫苗接種場地
- 打掃辦公室
- 打掃出租公寓的院子
- 在特別養護老人之家幫忙烹煮食物
- 在照護機構接待客人
- 負責居家照護服務
- 檢查電力設備
- 在倉庫負責一些輕鬆的作業
- 列車巡邏員
- 栽種柑橘
- 在居酒屋接待客人
- 檢查機械零件
- 從食品倉庫挑出要補貨上架的商品
- 在醫院幫忙配餐
- 在藥妝店補貨
- 幫忙烹煮熟食

圖24：受訪者從事的活動

- 引導小學生上學
- 國小、國中的評議員
- 參加里民大會（防災活動或是打掃河川）
- 振興在地的各種活動
- 管理並維護附近的神社
- 在居家附近撿拾空瓶或寶特瓶
- 在老人俱樂部擔任會計
- 擔任里民大會主席
- 擔任當地年金者領取工會幹部
- 在住家附近幫忙除雪
- 透過部落格介紹在地歷史
- 幫忙垃圾分類
- 幫忙聽障者
- 幫忙確認高齡者是否平安的協調人員
- 管理大樓停車場與幫忙除雪
- 擔任自家大樓的管委會主委
- 在出租農園種植蔬菜
- 家庭菜園
- 在公園除草
- 在步道兩側除草
- 在森林撿拾木柴
- 在報紙專欄投稿
- 製作包包或背包
- 製作與興趣有關的影片，再於YouTube公開從我們的採訪結果看來，很少人是「為了達成某個遠大的目標而從事這類活動」，反過來說，**只要有身邊的人在背後推一把，這類活動就能在整個社會更加普及。**

不管是工作還是工作以外的活動，進入勞動力供給受限社會後，都需要創造一個讓任何年齡能從事這類活動的環境。

銀髮族的小型活動能對勞動世代有所幫助

從現在到二〇四〇年為止，勞動力缺口將不斷地擴大，越多高齡者從事工作之外的活動也顯得越來越重要，所以接下來我們要從採訪結果，一探高齡者實際從事活動的情況。

從採訪結果可以發現，許多人在人生後半場開始參與許多之前未曾嘗試的活動，他們到底如何進行社會參與？

活動之一是農業，許多人一聽到農業，就會以為是規模很大的活動，也覺得門檻高，但是當我們採訪這些高齡者之後，才發現在退休後從事大規模農業的人很少，多數都是經營小農園而已。

比方說，七十出頭的中村先生（化名，以下本章皆同）就一邊在藥妝店打工，一邊管理農地。收成的農作物除了自己吃以外，也會分送給鄰居或是當成商品銷售。由此可知，這類活動也是社會參與，幫助其他人的方法之一。

「我租了一塊田地，然後發現這塊田地附近有許多人是在退休之後才開始種田。如果要澆水的話，我大概會在早上八點到九點半這段時間到這裡。

我種了夏季、秋季和冬季的蔬菜，所以只有一月到四月時不需要收成，也只有一月到二月時不用種田，其他就是一些雜七雜八的工作。收成的農作物通常是拿回家自己吃，多出來的就送給鄰居或是讓鄰居購買。

種田讓我有更多機會和別人接觸。比方說，最近也有幼兒園的小朋友來田地摘白蘿蔔與洋蔥，那些孩子摘到很大的白蘿蔔時都開心得不得了。當我去幼兒園時，那些孩子都一直大叫『蔬菜大叔來了』。看來我透過這些蔬菜與這個地區產生更緊密的關係，我也覺得這樣很有趣。」

接下來要介紹的是，快要八十歲的渡邊先生。他一邊在國家考試營運中心打工，一邊熱心參與鄰里活動。主要的鄰里活動是為小學生進行交通疏導。除此之外，也會參加消防演習。

「我在里民大會擔任最初級的幹部。里民大會的幹部每個月會輪替一次。每到小學生的上學或放學時間，我都會在附近的十字路口幫忙指揮交通，讓孩子們平安上下學。消防演習則是每三個月舉辦一次，我擔任的是從旁幫助演習的角色。對了，我也會在每年舉辦一次的夏季祭典幫忙處理一些雜事。我常常參與這類鄰里活動。」

「十字路口幫忙指揮交通」這類工作，在某些地區是由學校教職員在上課之前負責，有時候家長也得幫忙，**但是當銀髮族幫忙分攤部分工作，就能減輕教職員、家長這些勞動世代的負擔。**

除了上述這些活動外，還有許多當地活動，比方說參加當地老人俱樂部的某位男性，也透過俱樂部的活動對地區做出貢獻。至於都幫助到哪些人，還請大家一邊想像，一邊繼續閱讀本書。

「我大概是在二〇〇〇年參加老人俱樂部的，應該是在六十二歲到六十三歲的時候。參加的原因是因為退休。一旦沒有工作，就沒有機會和別人接觸，我覺得不能這樣，所以才會加入老人俱樂部。

大部分的活動都是淨灘，這附近的海岸很有名，所以我們俱樂部會去清掃，其他的就是打掃公共墓地或是維護當地的花圃。雖然有時候很辛苦，但是有機會和不認識的人聊天，也有機會變成點頭之交，我覺得這樣很不錯。」

沒有報酬的話，參與者會越來越少

除了上述的活動外，高齡者也從事各種工作。如果把焦點放在工作方式，就會發現自營業或自由業這種工作型態，是高齡者的最佳選擇。

接下來介紹的五十嵐先生，就是以自營業的方式在里民活動中心開設電腦講座。這個講座每週舉辦三次，視情況在上午或下午開課，每次大概是兩到三小時左右。之所以會開始這份工作，是因為五十嵐先生中年失業。

「我上班的公司倒閉，去了職業訓練局之後，第一次開始學習電腦軟體的使用方法，然後也接受檢定，我發現自己很適合做這些事。剛好市內各地都出現電腦教室，我也去參觀幾間，最後覺得自己似乎也可以這麼做，所以就創辦電腦教室，然後一直做到現在。」

五十嵐先生一邊在電腦教室開課，一邊參與社會福祉協議會舉辦的守護高齡者活動。對五十嵐先生來說，這項活動雖然可以帶來生活的意義，但是也有待遇方面的問題。

「我在社會福祉協議會擔任確認當地獨居老人是否平安的協調者，鄰居會觀察獨居者的情況，再將報告傳給我，然後我會將一個月的報告拿給事務局。

直接去探望獨居老人的不是我，而是其他的義工。有些義工會鉅細靡遺地記錄大小事，比方說什麼時候去買東西、什麼時候女兒來探望；有些義工則只會記錄獨居老人是否平安，而我的工作就是整理這些資訊。

不過，現在義工越來越少了。我想這應該是因為沒有報酬的緣故，所以就算只有一點點報酬，我也認為應該改成支薪，否則義工只會越來越少。」

在小學負責雜務，藉此回饋社會

要參加當地活動，通常必須加入里民大會或俱樂部這類組織，但是有些人會選擇不加入，從事其他的在地活動。比方說，在學校負責雜務的大橋先生就會在上班時順手撿垃圾，他也把這件事當成每天的例行公事。

「從我家走到工作地點大概需要二十分鐘，一路上可以看到不少隨手丟棄的菸蒂、超商的空杯子或是其他的垃圾。如果是掉在店門口或住宅門口的垃圾，當地居民當然會清掃，但如果是人行天橋或鐵路跨線橋這類無人居住的地方，就不會有人撿拾。我通常會把掉落在這些地方的垃圾撿起來，放進手邊的袋子裡，光是單程就能撿滿一袋。

有些鄰居也會這麼做，而當我知道這個區域是由那個人負責，那個區域是由這個人負責之後，我們就會自動劃分責任區域。

雖然在小學負責雜務沒辦法賺什麼錢，但是工作的負擔也恰到好處。我想透過工作或是每天的活動，回饋社會的心情依舊不變。

「擔任雜務工作人員的好處，在於能夠感受到孩子們的純真。比方說，當資源班的孩子跑來跟我說：『謝謝你讓環境變得這麼乾淨。』我就會覺得很開心。其實就算沒有得到任何感謝，我也覺得孩子在看到這麼乾淨的學校後，對他們的成長或發育一定會有所幫助。

其實在念小學的時候，我根本不知道自己在這六年內受到多少人的照顧，所以在小學擔任雜務人員，某種程度上算是有點迂迴的報恩。雖然有些人會仰仗過去的收入或職稱度過餘生，但是我希望能從另一條路找到自己的生活意義。這份工作絕對非常適合那些想讓未來的主人翁在學校開心學習，也覺得這樣很滿足的人。」

高齡者兼顧生活與工作、活動的三大要素

接下來，要透過實例介紹一些銀髮族從事的輕度工作與小型活動。各地區銀髮族能從事的工作或活動越來越多，而且從勞動力供給受限社會應用這些勞力的觀點來看，最重要的是這些工作與活動能讓銀髮族獲得好處。

就算再怎麼高喊「社會需要銀髮族的力量」，如果對銀髮族沒有半點好處，就很難讓更多銀髮族貢獻一己之力。要在成為高齡者之後，讓自己的生活變得更多采多姿，同時在合理範圍內對社會做出貢獻，就必須根據自己的興趣及當下的身體狀況，選擇適當的工作與活動。

透過這次採訪，我們發現高齡者能夠過得幸福，又能從事工作或活動的話，主要需要具備三大要素：

一、有助於維持健康的生活節奏。

二、負擔不重的工作。

三、和沒有利害關係的人維持簡單關係的活動。

第一個要素是「有助於維持健康的生活節奏」。有工作就會在固定時間起床和睡覺，生活節奏能保持穩定，也有助於參與活動。

其實在退休之前，不少人已經知道這一點，但是在退休後重回職場的人，通常會擔心自己越來越老，身體的毛病也越來越多，所以會更重視生活節奏。除了工作之外，替自己安排一些例行公事，也能讓自己擁有健康的生活。我們在採訪時，有很多在退休後重回職場的人對我們說：「我是透過工作維持生活節奏的。」

許多人也提到活動身體這件事，許多高齡者不管是工作，還是從事私人活動，都會要求自己每天走到一定的步數。有些人不一定會這樣要求自己，卻將工作當成走出家門的機會。**在退休後重回職場的人，常常透過工作維持生活規律，把工作當成擁抱健康生活的手段。**

第二個要素是「負擔不重的工作」，也就是壓力不大的活動最理想。對壓力的態度，退休前與退休後明顯不同。退休前的勞工為了讓自己成長，通常會稍微要求自己追求活動的量與質，也會主動承擔責任。退休後的勞工不見得就不會追求工作方面的成長，但是當他們發現參與活動的壓力很大時，就不會想要做更多的工作。

第三個要素是「和沒有利害關係的人維持簡單關係」的活動。一般認為，孤獨會讓人的幸福度降低，所以要讓生活過得精彩，還是必須和別人保持一定的關係。對退休的人來說，透過活動與他人維持關係是幸福生活的關鍵。

不過也不能為了和別人維持關係，就飢不擇食地從事各種活動。退休之後，最理想的活動就是能和「沒有利害關係的人，維持簡單關係」的活動。換句話說，會和「有利害關係的人」產生「密切關係」的活動就不太適合，因為這種關係會讓彼此陷入利害關係的漩渦，也會讓人覺得十分緊繃。

此外，如果不是能隨時切斷的關係，就會莫名覺得「必須維持良好關係」，有時候會因此感到鬱悶。我們在採訪銀髮族後發現，大多數的人在退休之後，都不希望參與必須花費力氣維持人際關係的活動。

另一方面，**能在退休之後，開心地從事各種活動的人，往往和沒有利害關係的人維持一定的關係**，而且是隨時都能切斷的簡單關係。

對正值壯年的人來說，對社會的貢獻就是每天勤勞地工作，但是高齡者參與社會、回饋社會的方法卻有很多種。能幫助別人的活動不一定要像壯年時那樣拚命工作，如果能在合理範圍內從事活動，又能一邊對社會做出貢獻，一邊讓自己的生活變得更精彩，就是再理想不過的模式了。

日本即將進入勞動力供給受限社會。在工作年齡人口不斷減少下，如果再不活用人數逐漸增加的銀髮族勞力，將難以維持相同的生活水準。不過我們都知道，光是提出「銀髮族要對社會做出更多貢獻」的口號，也無法讓生活維持相同的水準。

今後如果想要解決勞動力不足的問題，就得讓高齡者從事一些輕度的工作與活動。讓每個人根據自己的體力和精神，在合理範圍內工作或從事活動，同時讓這樣的人越來越多，將顯得越來越重要。

最終，這些工作或活動都能幫助別人，也能幫助自己。如今我們該做的事就是，建立一套讓銀髮族能夠從事一些輕度工作或活動的制度。

09

chapter

解決方案四：企業減少無謂的工作與提供職場支持

在勞動力缺口不斷擴大下，「公司到底能做什麼？」機械化與自動化設備的投資，或是對人才的投資（如加薪），絕對是公司存續的必要條件，但是除此之外，公司還能做什麼？

前面提過，解決勞動力不足的方案共有兩大類：一種是減少對勞動力的需求；另一種則是增加勞動力的供給。其實公司有兩招能夠同時兼顧這兩個方案：第一招就是「減少無謂的工作」，壓縮勞動力需求；另一招則是透過「職場的社會支持」，支援每個人的各種活動。接下來就讓我們一起了解。

壓縮勞動力需求的「冗贅改革」

前面提過，透過機械化與自動化有效利用人力及類工作活動，都能創造新的工作型態，也能有效解決勞動力不足的問題，但是當我們進一步思考，就會發現如今所有的勞動力需求真的都是有必要的工作嗎？

難道我們不需要重新檢視公司的業務，從中找出該刪減的嗎？如果能減少那些無謂的業務，讓每個人節省更多的時間，或許能參與類工作活動的人就會變得更多，或許就能挪出時間，學習並應用最新的科技。更重要的是，每個人都覺得「減少無謂的業務」很重要，而當我們進入勞動力供給受限的社會之後，這件事也帶有壓縮社會整體對勞動力需求的新使命。

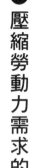

我們為了確認現狀，透過量化調查（「企業冗贅業務調查[40]」的方式，調查企業有多少冗贅的業務。

本調查先針對二十七種業務（圖25）的冗贅程度進行調查。受訪對象為經營者與董事時，我們詢問的是自家公司的業務；如果是組織長，則會詢問該組織的業務；如果是就業者，則會詢問就業者本身的業務。

經營者與董事認為「冗贅最多[41]」的前三名業務如下：

- 因為缺少系統、系統老舊，不得不透過紙本方式完成的業務或作業。
- 過於吹毛求疵，過度要求品質的業務或作業。
- 過於頻繁或是每次業務量都過多的業務或作業。

除了與自家公司的系統有關的業務外，從第二、三個的冗贅業務可以發現，都是和客戶有關的業務。

客戶指定的時間與批量會影響現場工作的繁忙程度，也有許多經營者覺得，真的有必要每個小細節都確認嗎？從這些經營者的回答中，也不難發現之所以會出現冗贅的業務，除了公司本身有問題外，也與產業結構或產業慣例有關。

其次，組織長認為「冗贅最多」的前三名業務如下：

- 自己覺得沒必要，但上司或相關人員覺得有必要而進行的業務或作業。
- 明明有更簡單的方法，卻故意選擇複雜方法或是更花時間的方法執行的

---

40 在二〇二三年十二月進行調查，受訪者以下列三個群組為對象：
「經營者與董事」：企業規模超過十位員工的經營者或董事（有效問卷為四百六十六份）。
「組織長」：正職員工兼課級以上的職務（有效問卷為四百八十一份）。受訪者依照性別平均分配。
「就業者」：除了上述的「經營者與董事」與「組織長」外，還包含自營業者、正職員工、約聘員工、派遣員工、臨時員工、兼職員工（有效問卷為兩千七百七十一份）。
「生活者」：就業者以外的失業者（不包含學生）（有效問卷為三千三百八十三份）。受訪者依照性別、年齡層、居住地、職業型態平均分配。
若想知道完整的調查結果，請瀏覽以下網站：https://www.works-i.com/research/works-report/2023/forecast2040_muda_data.html。

41 在五點量表中，選擇四或五的受訪者。

業務或作業。
- 為了替業務負責人善後而執行的業務或作業。

在思考公司內部冗贅業務的重點時，組織長的回答可以說是相當重要的線索。當上司或相關人員認為這些業務有必要時，就必須執行這些業務。如果有前例可循，就必須遵循前例。如果有人無法遵循前例，組織長就必須負起責任。

從第一個與第二個的回答可以發現，明明只要提出意見，就一定能解決問題，但就是無法提出意見。

最後，就業者認為「冗贅最多」的前三名業務如下：

- 因為缺少系統、系統老舊，不得不透過紙本方式完成的業務或作業。
- 明明有更簡單的方法，卻故意選擇複雜方法或是更花時間的方法執行的業務或作業。

圖25：在「企業冗贅業務調查」調查的27種業務

1	過於頻繁或是每次的業務量都過多的業務或作業
2	不知道成效，也不知道執行目的的業務與作業
3	因為缺少系統、系統老舊，不得不透過紙本方式完成的業務或作業
4	明明有更簡單的方法，卻故意選擇複雜方法或是更花時間的方法執行的業務或作業
5	常常重做的業務或作業
6	幾乎沒有出場的機會，卻不得不參加的場合，以及類似的業務或作業
7	過於吹毛求疵，過度要求品質的業務或作業
8	因為某個人的失誤或拖延而浪費時間
9	明明不會影響品質，但為了討好上司或相關人士所執行的業務或作業
10	自己覺得沒必要，但上司或相關人員覺得有必要而進行的業務或作業
11	因為與上司或相關人員的方向或意見不一致而多做的業務或作業
12	因為上司與相關人員的支援不足而多做的業務或作業
13	為了替業務負責人善後而執行的業務或作業
14	為了滿足外部人士突然想到的建議或提案而執行的業務或作業
15	應付言不及義，不斷說相同事情的上司或相關人員的時間
16	應付了事的工作或加班
17	透過長時間工作表現自己很努力的工作時間
18	為了避免被上司或同事覺得「沒在工作」而浪費的工作時間
19	為了總有會產生利潤而執行的業務或作業
20	為了賺加班費，故意拖延的業務或作業
21	因為自己的能力不足而產生的業務或作業
22	為了讓自己成長而刻意接手的業務或作業
23	為了提高自己的身價而故意接手的業務或作業
24	不太必要，但為了得到附加價值而執行的業務或作業
25	為了討顧客歡心而額外執行的業務
26	為了在外面替公司做面子而硬要做的業務或作業
27	因為其他公司做了，所以自家公司也要執行的業務或作業

- 自己覺得沒必要，但上司或相關人員覺得有必要而進行的業務或作業。

這是從員工角度來看的結果，但許多人都提到公司沒有相關系統的問題，有趣的是經營者與第一線員工都點出這個問題。至於第二個、第三個回答則和組織長相同。

從這三個群組的回答中可以發現，**經營者、組織長與就業者（員工）對於問題的看法相對一致**；換句話說，雖然彼此的立場不同，但對於冗贅業務的認知卻是相同。

「因為缺少系統、系統老舊，不得不透過紙本方式完成的業務或作業」、「明明有更簡單的方法，卻故意選擇複雜方法或是更花時間的方法執行的業務或作業」，或許沒有人刻意點破這個問題，但上至公司董事長，下至部長、課長和員工，每個人都覺得這類業務很多餘。

每週有六到七小時在做多餘的工作

接著，我們又針對經營者與董事、組織長、就業者「自家公司、自己組織與自己的業務有多少比例的冗贅」進行調查（圖26）。

有六九．五％的經營者與董事，覺得自家公司有一些冗贅業務，這意味著有將近七成的經營者與董事認為，「自家公司有冗贅業務」；換句話說，有些勞動力需求應該刪減。

此外，經營者與董事認為，在所有業務中冗贅業務的平均比例是一六％；也就是說，經營者認為自家公司的業務有六分之一是多餘的，而且在這些業務裡，回答冗贅業務的比例「超過三〇％」的人有二七．四％。

在組織長的部分，有七二．六％的組織長認為自家組織有一些冗贅業務，這個部分大約也是七成。組織長認為在所有業務之中，冗贅業務的平均比例是二一．七％，這意味著組織長覺得在一週的工作裡，有一天做了不需要的工作

（五天中的某一天）。回答冗贅業務的比例「超過三〇％」的人，則有三七．一％。

在就業者方面，有五六．六％的人覺得自己的業務有一些冗贅之處，也覺得冗贅業務占所有業務的平均比例為一四．九％，回答冗贅業務的比例超過三〇％的人則有二三．六％。

有趣的是，相較於經營者與組織長，就業者中覺得「有一些冗贅的業務」的人的比例較低，覺得冗贅業務占整體業務的比例也比其他兩個群組來得低。

從這個結果來看，越是接近第一線的員工，勞動效率有可能更高，也有可能每天都因為工作忙得團團轉，沒時間分辨哪些是多餘的業務。我們不知道是前者還是後者，但從調查結果可以知道的是，組織長或中階管理階層對冗贅業務有一些看法。

無論實際的情況如何，**將董事長到員工的數據加以平均之後，公司上下都覺得有一五％到一六％左右的業務是多餘的**。如果一週工時是四十小時，每週

圖26：對於冗贅業務的認知

受訪者		經營者與董事	組織長	就業者
目標業務		自家公司的業務	自己組織的業務	自己的業務
有一些冗贅的業務		69.5%	72.6%	56.6%
冗贅的業務超過30%		27.4%	37.1%	23.6%
在上述覺得有一些冗贅業務的人之中	覺得能自行減少的多餘業務	84.9%	84.8%	71.9%
	覺得能自行減少的多餘業務的比例（*占所有業務的比例）	**21.8%**	**20.0%**	**17.4%**

就有大約六到七小時浪費在沒有任何意義的工作上。

此外，回答自家公司、自己組織與自己的業務有「超過三〇%的業務是多餘」的人居然超過兩成，這個結果很讓人震驚；換句話說，**覺得「每週有快要兩天的工作時間浪費在冗贅業務」的人超過兩成**。

徹底刪減冗贅業務的企業得以生存

接著，我們又對覺得冗贅業務存在的人詢問：「假設所有的冗贅業務加總之後是一百，你覺得自己能減少多少冗贅業務？」

有八四·九%的經營者回答能自行減少自家公司的冗贅業務，平均能減少二一·八%的冗贅業務；有八四·八%的組織長回答能自行減少自己組織的冗贅業務，平均能減少二〇%的冗贅業務。有七一·九%的就業者回答能自行減少自家公司的冗贅業務，平均能減少一七·四%的冗贅業務。

雖然經營者、組織長與就業者都覺得有許多冗贅業務存在，也覺得有些冗贅業務能自行刪減，但實際上就是還有很多有待刪減的冗贅業務存在。不會有人反對「刪減無謂的工作」這句口號，但儘管大家的想法一致，這卻是很難推動的改革主題。

為了繼續探討這一點，我們除了從企業的觀點進行調查外，還請民眾回答對企業提供的服務有哪些看法，以及對服務品質下滑的容忍程度（圖27）。這項調查除了讓我們知道民眾希望多接受一點服務的心理外，也發現民眾不需要那些企業自以為是為了民眾好而提供的服務。

關於「是否覺得企業的服務有太多不需要的部分？」這個問題，回答「是」的民眾達到三八．四％。從民眾或顧客的角度來看，這些服務真的有必要提供嗎？難道企業沒有因為某些自以為是的想法，而讓員工承受多餘的負擔？

針對是否為非做不可的工作（即必要的勞動力需求）這個問題進行調查後，得到令人玩味的結果。比方說，因為「餐廳的飲料改成自取」，而回答「所以不再上門光顧」的人其實只有一．六％，回答「有可能因此不再上門光顧」的人也只有八．一％，兩者加起來甚至不到一成，這代表回答「不在意」、「改成這樣比較好」的人超過九〇％。

一直以來，「由餐廳送飲料」都被視為是一種「款待」，但其實消費者根本不太在乎。至於「超商是否需要二十四小時營業」這個問題，回答「需要」

圖 27：消費者覺得企業服務有太多不需要的部分

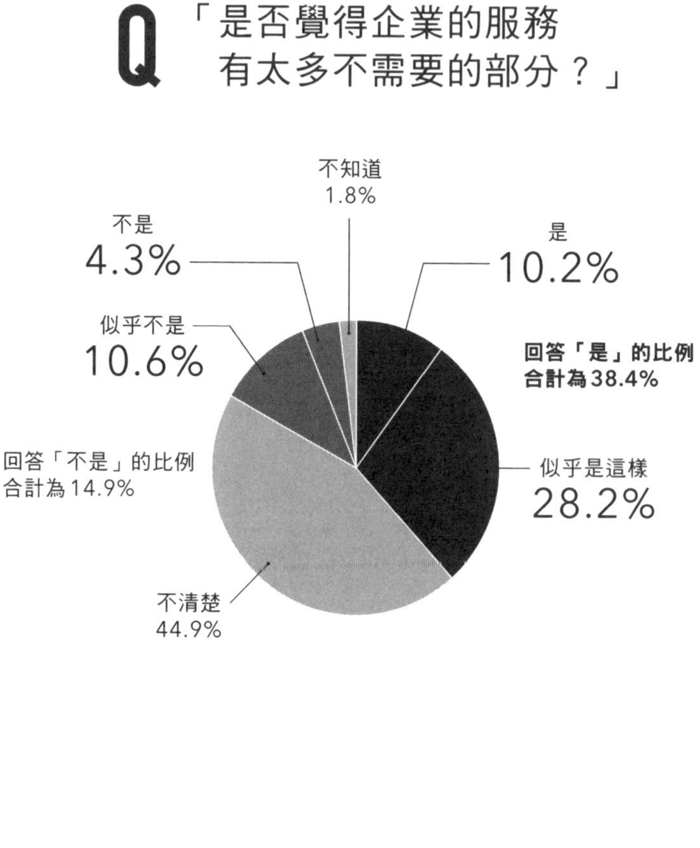

的人是三〇・二％，回答「不需要」的人則高達六九・八％[42]。

在勞動力供給受限社會中，勞動力是最稀少的經營資源，而且不管是公司還是社會，都沒有空間讓這些勞動力浪費在無意義的工作上。在企業與顧客對話，找出真正需要服務的流程中，還有許多需要刪減的業務。

在刪減這些冗贅的業務之後，推動機械化與自動化，才能讓每個人的工作方式變得更加靈活。**「看起來是多餘的業務卻還是能從中學到一些東西」、「公司的其他人都覺得這些冗贅業務不是問題」、「客戶不覺得有問題」，先排除這些說法，再盡力刪減冗贅業務，企業才能在勞動力供給受限社會存活，也才能有效運用人力。**

---

42 Recruit Works 研究院，二〇二三年，「企業冗贅業務調查」執行摘要。

促進公司之外活動的「社會支持」

另一個公司在勞動力缺口持續擴大時能做的事，也是值得我們討論的事，就是「讓員工在公司支持下，在公司之外從事各種活動」這件事。

當勞動力缺口持續擴大時，生活維持服務有可能無法遍及社會的每個角落，這時候建立一套讓每個人都能從事不同活動的制度就顯得十分重要。不過，大部分的日本人在進入社會後，通常不會參與本業與家庭以外的活動[43]，但目前已知的是，公司已在這些本業以外的活動扮演相當重要的角色。

Recruit Works研究院針對這一點，以受僱於公司的就業者為對象進行調查[44]。作為調查重點的本業以外活動，請參見圖28所示。

此外，我們也確認公司積極支持員工參與活動，以及員工參與非本業以外活動之間的相關性，相關的結果請參見圖29[45]。

簡單來說，**公司若是積極提供支持，員工就更有餘力參加本業以外的活動**

（公司的支持力道越強，參與活動的比例也越高）。是因為公司支持才參加本業以外的活動？還是因為參與本業以外的活動，公司才給予支持？我們不知道兩者之間的因果關係，但是這次的調查結果卻告訴我們，公司的支持有可能外溢至本業之外的活動。

以「公司制度」支持員工參與公司以外的活動

接下來，想聊一下公司的制度，公司如何（偷偷）支持從事本業以外活動

43 大部分的人雖然都回答「無法參與本業以外的支援活動」，但是從本調查得知，全職上班的人參與「志工活動」與「當地社群活動」的比例只有一五%。

44 這次的調查基於全職上班的人無法參與本業以外的活動這一點，才以在公司上班的二十歲到五十多歲的正職員工、作業人員為調查對象。此外，調查方法是網路調查，從全日本各地取得一千五百一十三人的回答。

45 這份調查將公司的支持力道分成「不知道」、「覺得十分不夠」，到「覺得十分足夠」，總共分成七級。此外，得分低於三分為「低度」；得分高於三分，不到五分的為「中度」；以及大於等於五分的則為「高度」。

圖28：「除了本業以外，能幫助他人的活動」

活動種類	具體的活動內容
志工活動	幫忙企劃與經營小孩的教育活動
	協助並參加照護中心、醫療機構的活動
	幫助鄰居的生活大小事（除雪、除草、幫忙購物）
	幫忙別人帶小孩
	幫忙照顧家人以外的高齡者或是需要照護的人
	參與上述以外的志工活動
當地社群活動	里民大會、自治會、大樓管委會的地區活動
	打掃馬路或公園這類公共空間
	幫忙接送或是保護當地的兒童或高齡者
	參與消防宣導活動、預估犯罪活動、交通安全活動，以及其他和社區安全有關的活動
	從事農業或保護森林的活動

圖29：「本業以外活動」的參與率和「公司支持活動」有關的參與度（低、中、高度）

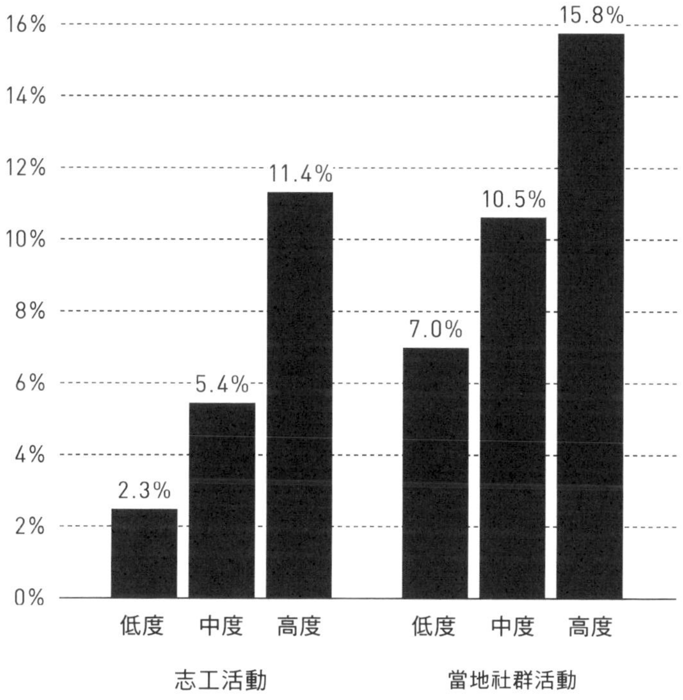

的員工[46]？

這一次我們將調查對象分成參與本業以外活動的人，以及未參與本業以外活動的人，然後統計這些人對公司制度的評價。分析結果為圖30。就所有項目而言，參與本業以外活動的人都給予較高的分數，代表無論是何種制度都與本業以外的活動有關[47]。

如果詢問哪些制度特別容易提高員工投入本業以外活動的參與率，由高至低分別是：「①與上司的定期面談」、「②團體研修、工作坊」、「③員工聚餐的補貼」。**從上下關係到公司內部的水平關係，公司的支持其實也影響公司外的世界，讓每個人得以從事本業以外的活動。**

---

46 「人際關係形成的各種機制」（以各種機制存在為前提）在形塑人際關係的過程中，分成「有用」與「無用」兩種。圖30依照對職場支持活動的積極度，將調查對象分成三組，再統計他們認為哪些機制有助於建立人際關係（可複選）。

47 透過t檢定分析後，「公司大會這類所有員工齊聚一堂的機會」為一〇%水準，在「企業內部刊物」、「沒有固定座位的辦公室（自由座位）」為五%水準，其他則為一%水準，代表是否參與公司以外支持活動的結果具有顯著性差異。

圖30：「公司制度」與「本業以外的活動」之間的關係

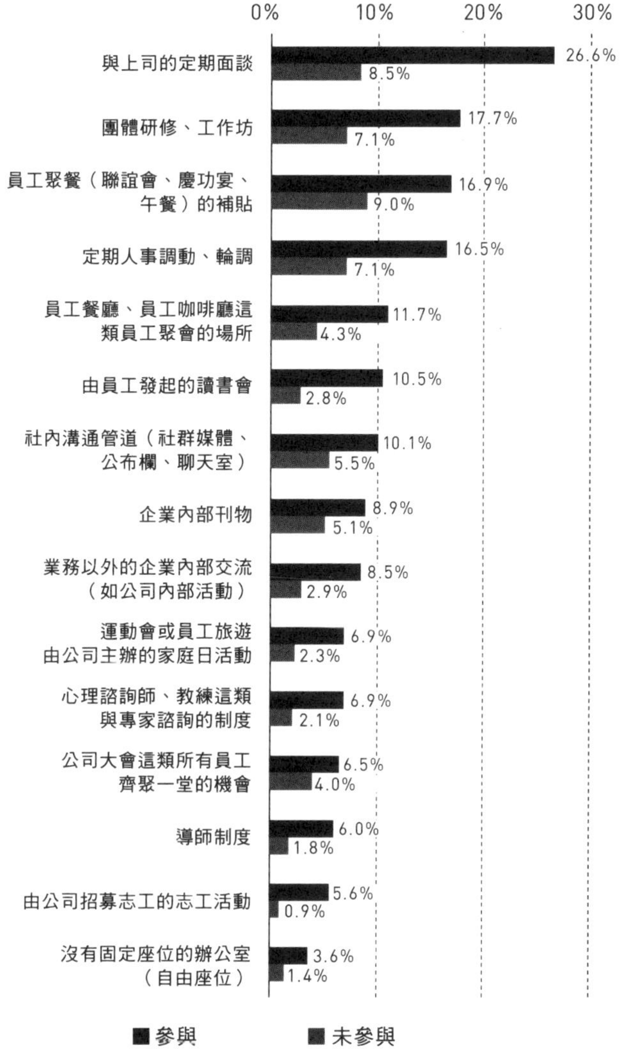

*本調查項目參考Recruit Management Solutions、RMS Message 2019.05、職場社會支持實況調查的題目製作。

公司解決勞動力供給不足的對策

從高度經濟成長時期到平成時代，「公司」這個共同體在個人的生活扮演重要角色。雖然公司的存在感在這幾年越來越低，但是我們認為公司仍在勞動力供給受限社會裡扮演相當重要的角色。

也就是扮演本章介紹的「刪減多餘的工作，提高勞動效率，讓個人有更多時間參與各種活動」的角色，以及「透過公司支持，讓員工能在本業以外的世界大展身手，讓員工更有能力與自信」的角色。可以預見的是，這就是公司在打造永續社會所扮演的角色。

日本的經濟社會有所謂的「三方皆好」或「企業是社會公器」這種企業觀。在永續發展的經濟活動受到重視後，許多原本對員工視而不見的企業開始重新思考和員工之間的關係，而這個動向會讓勞動力缺口加速擴大，所以日本的企業觀或許將有所轉型。

10 chapter 二〇四〇年的「新型」工作方式

如今正面臨勞動力供給受限這個危機，當我們試著解決，才有可能在人力不足的情況下，打造永續社會，才能化危機為轉機，讓每個人的工作轉型。

現在就著手解決的話，還有十年的「緩刑」

本章要介紹的是，執行我們提出的解決方案後能有多少成效，也就是要預測「實施解決方案後，勞動供需的落差能縮小到什麼程度」。接下來要思考的則是，在前述四種解決方案中，機械化與自動化，以及類工作活動的成效。

透過機械化與自動化導入的機器人或設備，除了能減少人們的工作外，還能擴大人力，成為幫助人類工作的新勞動力來源。至於類工作活動，則以人們透過本業以外的各種活動，提供更多的勞動力為前提，試著預測類工作活動能讓勞動供給落差縮小到何種程度。

我們將這一次的預測視為「執行解決方案之後的劇本」，也會讓這個劇本和在第一章開頭提出的「基本劇本」比較。

在機械化與自動化的部分，我們採訪在各職業導入機械化與自動化的有識之士和相關企業，取得機械化與自動化今後的進展，同時預測機械化與自動化對二〇四〇年的勞動力供給有多少幫助。至於類工作活動的部分，我們利用量化調查的結果，預設偶爾參與類工作活動的族群變成常常參與類工作活動的族群，本來從未參與類工作活動的族群，變成偶爾參與類工作活動的族群，住在日本的每個人都漸漸參與類工作活動的情況[48]。

- 到了二〇三〇年，勞動力缺口達到二十八萬七千人便不再擴大（基本劇本預設的勞動力缺口為三百四十一萬五千人）。
- 到了二〇四〇年，勞動力缺口達到四百九十三萬六千人便不再擴大（基本劇本預設的勞動力缺口為一千一百萬四千人）。
- 就算執行解決方案，從二〇三二年之後，勞動力供需落差還是會擴大。

48 本研究針對勞動供給受限這個課題，提出機械化與自動化，以及類工作活動（在這個注釋中簡稱為WA）這兩個解決方案。為了預測這兩個方案的成效，我們採訪專家與企業，WA的部分還調查一般勞工。研究所上下針對調查結果討論後，推測未來的自動化率和WA參與率，再將這兩個數值當成提高勞動力供給的因素，放入模型進行後續的預測。在自動化率方面，參考專家和企業的二〇四〇年替代率中位數預測值，至於WA的部分則是根據量化調查建立線性模型，預測直到二〇四〇年為止，參與WA的人數會呈線性增加，也就是偶爾參與類工作活動的族群成為經常參與類工作活動的族群、從未參與類工作活動的族群成為偶爾參與類工作活動的族群。此外，將自動化率和WA參與率放進供給的理由如下：自動化這項解決方案，會將機器人或科技引進職場，與人類一起工作，所以機器人或科技不會取代原本的勞動力，而是輔助人類的存在；WA的部分則是這些人以非傳統工作模式參與社會，所以定位為替代原本勞動力的新勞動力。

這裡的一大重點在於，當我們執行解決方案，到了二〇三〇年之後，勞動力不足的現象就會幾乎消失。**早一步開始執行解決方案，就能讓那些不利日常生活的影響，拖延至二〇三〇年才發生。**雖然從各都道府縣的模擬結果可以發現，到了二〇三〇年之後，已經有多個地區的勞動力供給不足達到一〇％左右，但我們還是得趁早執行解決方案。晚一天執行解決方案，我們的生活就會早一天瓦解。

再者，從執行解決方案之後的劇本可以發現，就算透過機械化與自動化，以及類工作活動這兩種解決方案，改造勞動力供給的結構，讓勞動力供給增加，到了二〇三二年之後，還是無法避免勞動力供給不足的問題。

需要進一步改造結構的解決方案

綜上所述，當我們強力執行現在才初現雛型的機械化與自動化，以及類工作活動這兩種解決方案時，才能讓「勞動力供給受限的問題延後十年爆發」。想要阻止人口動態造成的社會變化，是力挽狂瀾般的困難。

換句話說，要讓日本社會永續發展，除了著手推動機械化與自動化，以及類工作活動這兩種解決方案，**還得趁著二〇三二年之前的「十年緩刑期」，想出進一步改造結構的解決方案**。這就像是讓第一節火箭引擎燃燒後，繼續讓第二節火箭引擎燃燒（討論難度更高，但是能改造結構的解決方案）。在這兩節火箭引擎都燃燒後，二〇四〇年的日本社會才得以永續發展。

第一節火箭引擎必須在二〇三〇年之前燃燒，讓勞動力供給受限的問題拖延到二〇三二年才浮上檯面，接著再利用第二節火箭引擎衝出大氣層，也就是擺脫人口動態變化這個重力，日本才能飛向全新的世界。

「第二節火箭」是從徹底改造日本戰後社會結構的論點所設計。

- 讓勞動力需求減少的方法（參考第九章的「解決無謂的工作」）。

- 居住地改革：減少勞動負擔，以勞工優先的都市規劃。
- 移動革命：建造高速的交通基礎建設，讓人們能在多個地區參與活動。
- 徹底改造社會，讓日本社會變得更吸引外國人。
- 改造稅制，讓勞工能因此得到激勵。
- 獨樹一格的少子化對策。

要迴避勞動力供給受限社會雖然困難，但我們可以想辦法拖延它的到來。當我們執行本書介紹的解決方案，爭取到「十年緩刑期」，並在這十年緩刑裡找出改造結構的解決方案，同時戮力執行，就能找到通往永續社會的「蹊徑」（Narrow Pass）。

這條路雖然狹隘，但是本書提及的解決方案都已經冒出名為希望的嫩芽，指引著我們該前進的方向。我們提出的解決方案不過是拋磚引玉，希望能透過大家的交流，打造一條通往永續社會的「康莊大道」。

勞動力供給受限會改變「勞動」的型態

從現在到二〇四〇年之前，日本社會將產生什麼變化？讓我們一起聊聊未來預測模擬之後的未來吧！這個「預測未來的未來」的根據，來自我們在全國各地多次進行交流的結果，其中會談到規模宏大的話題，也會聊到非常貼近生活的話題。

當我從大局的觀點思考時，認為勞動力供給受限這個問題可能為近代社會帶來轉捩點。說得更具體一點，有可能讓近代之後的「價值觀」改變。

在此，先稍微說明我會如此覺得的原因。

德國有位哲學家漢娜．鄂蘭（Hannah Arendt）。我在就讀研究所時，手邊讀物[49]的作者簡介將她介紹為「現代最出色的女性政治思想家」。逃過納粹

49　鄂蘭著，志水速雄譯，《人間の条件》，ちくま学芸文庫，一九九四年（中譯本為鄂蘭著，林宏濤譯，《人的條件》，商周，二〇二一年）。後續提到的頁碼為這本書的頁碼。

迫害的她，以極權主義創造的現代大眾社會為題，探討現在大眾社會的病徵，有興趣的讀者請參見關於她的各類著作，以及各種相關的說明（因為我不是研究她的專家）。

這裡想說的是，鄂蘭在主要著作的《人的條件》（*The Human Condition*）提到，人類的活動（在該著作中稱為「活動力」）可分成「勞動」、「工作」與「行動」三大類。

這三個詞彙的定義如下[50]。原文非常艱澀難懂，所以請大家原諒我在括號內另加注釋。

- 勞動：生物為了促進新陳代謝而採取的行動（也可以說是為了進食的行動，或是為了賺錢的行動）。
- 工作：超越個體生命的，創造永續的事物（藝術或文化作品的創作就屬這一類）。

- 行動：與他人產生關聯性的活動。身為茫茫人海之中的一員，參與形塑社會的過程（幫助別人，對社會做出貢獻這類與他人產生關聯性的活動）。

鄂蘭提到，在這三個根本的人類活動之中，「勞動」最受重視，也讓其他兩個成為附屬[51、52]。

這個看法非常重要，也就是說勞動（其行為的主要動機是時間的經濟轉換，更具體地說是薪資），能讓人類所有的活動都換算成金錢。永恆不朽的藝術作品當然也能換算成金錢，而且勞動或是工作之外的各種人類活動，都能以「耗費的時間×時薪」算出價值，我們也會因此忍不住計較得失（筆者當然也是如此），讓「勞動」的優先順序高於人類各種活動的是近代社會[53]。

50 一九至二〇頁。
51 「不管我們做什麼，一切都是為了『生計』」（一八九頁）。
52 鄂蘭的著作非常艱澀難懂，本書也是根據譯者翻譯的內容介紹著作的內容。
53 鄂蘭並未評論近代「勞動」讓其他活動變成附屬的現象是好是壞。

勞動力供給受限有可能扭轉近代以來的這股趨勢。**在人類的活動中，各種與其他人產生關聯的部分（即「行動」）的重要性越來越高，「勞動」本身的型態也將因此而改變。**

如果人類以「行動」代替「勞動」，會得到什麼結果？如果以「行動」化解「勞動」之中那些讓人覺得辛苦的部分，又會得到什麼結果？鄂蘭提到，人類的活動不是「勞動」，就是「遊戲」[54]，但是若出現一套能讓遊戲代替勞動的機制，又會得到什麼結果？

雖然勞動力供給受限讓許多工作的現場出現慢性人力不足的問題，但是如果有人透過類工作活動（鄂蘭提到的「行動」之一）分攤部分的勞務，類工作活動將在這樣的工作現場越來越重要，這時候人們還能為了生活而持續忍受那些「勞動」的痛苦之處嗎？應該會開始思考有沒有更好的工作方式吧！

此外，透過這類「行動」獲得的各種對價，也會讓人重新思考「勞動」的價值。如今的日本已經到了必須徹底應用機器人與ＡＩ的地步，而那些已經稍微冒出頭的類工作活動或是銀髮族的小型活動，或許能重新建構整個工作流程，也能讓人透過這些「行動」，反省「工作到底是什麼？」「勞動到底是什麼？」

觀察勞動力供給受限的工作現場後，我們便開始思考今後的價值觀將有什麼轉變。為了讓這個處於分水嶺的社會朝向更美好的未來前進，我們想要提出以下論點。

行政機關與規則制定者能做的事

在此要逐條列出讓勞動力供給受限社會變成富庶社會的論點，雖然我們無法完整列出所有與勞動力供給受限相關的論點，但是希望能夠就此引發討論。

54 「所有認真的活動都與成果無關，也都被稱為勞動，一切與個人的生命，以及社會的生命過程無關的活動力，都能歸類為遊戲」（一八九頁）。

・勞動相關法律真的能繼續以雇主為中心，繼續維持限制主義嗎？

在勞動力缺口持續擴大下，勞動力是社會最珍稀的資源，然而現在的勞動相關法律都以時間管理勞動，也以雇主為優先。為了讓不同的人能夠透過各種工作方式提供勞動力，這些工廠法就是以雇主為中心，信奉限制主義的勞動法，真的能讓每個人安全、安心地工作嗎？

此外，如果要以工時管理員工，前提是「員工必須一直待在辦公室」，但是這麼做真的能讓員工專心完成工作嗎？我們必須設計一個讓每個人都能以不同方式大展身手的制度。

・賦予工作之外的社會活動激勵因素

類工作活動可以設計各式各樣的報酬，行政機關也能在設計報酬的部分助一臂之力。比方說，德國有數百萬人從事的「迷你工作」制度，這種制度雖然無法賺到高額報酬，卻能夠一邊從事迷你工作，一邊從事其他工作，而且只要收入未超過五百二十萬歐元，就不需要課稅，間接給予金錢方面的激勵。

這種制度當然不能變成造成就業市場不穩定的元凶，卻是讓人在從事本業之餘，還願意另外從事其他活動的誘因，也十分值得參考。

•針對不同領域的特性擬定策略

在直接受到勞動力不足衝擊的領域裡，政府在某些領域已有安排，但是有些領域卻沒有任何安排，比方說醫療護照就是政府早有計畫的領域。只不過科技進步的速度實在太快，政府很難亦步亦趨地修改制度。在這些早有安排的領域裡，政府必須建立制度，精準評估對於節省人力負擔的投資，或是引進不同人才的投資。

除此之外，旅館業與餐飲業則是政府尚未有任何安排的代表性領域。這類領域的問題在於，就算在某個地區引進讓業務機械化與自動化的機械，到了其他地區，也不見得就能依照條例導入這類機械。第一步必須先讓所有地區，都有辦法機械化或自動化。

•解決「由誰解決問題」的問題

本書介紹的問題都屬於和勞動力供給受限有關的社會問題，但對行政機關來說，這是橫跨多個局處的問題（區域振興、產業勞動、女性與高齡者的就業、終身學習、社會福利）。

不過說到底，這個問題其實很單純，就是「該由誰透過什麼方法滿足誰的勞動需求」。解決方案就是，讓各地區活用各式各樣的人力與機械的力量，提供必要勞動力的「綜合供給調整制度」。教育機關為了在各地區培養人才，會與當地企業合作，提供特定學科支援，或是從都會區找來想要從事副業的人才，要提供這些支援需要全面性的政策。

企業、雇主與行政機關能做的事

・先投資機械化與自動化這類精簡人力的設備

人力也是稀有的經營資源，所以為了精簡人力而投資機械化與自動化的設備，能在任用人才、留住人才、培養人才、提升淨利、股價及各個層面看到極大的成效。

重點在於，企業要打造一個能自由競爭的評估制度。該於精簡人力的設備投資多少資金，又能讓員工的工時減少多少？又能讓別人對於3K職場有多少改觀，企業必須公開這些資訊，行政機關也必須參考這些公開資訊的做法，再讓這些做法反映在制度上。

・認同靈活的工作方式

從第七章的調查結果得知，參與類工作活動的人才有一定程度是採取遠距模式工作的人，也代表所屬企業的人事制度或福利可能很不錯。

從這些事實也可以知道，「企業能幫助員工在工作之餘參與類工作活動」這類企業的制度，在勞動力供給受限社會裡，具有一定的社會價值。我們需要的是建立一套激勵制度，讓企業在獲得社會大眾好評時，能夠得到更多報酬，而不是只依賴企業自行建立這些鼓勵員工參與類工作活動的制度。

・至少不要阻礙員工在工作之餘參與其他活動

就算無法讓員工採用更靈活的工作方式，企業至少不要阻擾員工從事業務以外的活動。這個世上沒有員工必須為了公司一年三百六十五天、一天二十四小時賣命的勞動契約。

・了解「保護雇員並非公司存在的價值」這一點

保障員工生活固然是非常理想的企業理念，但是在勞動力供給受限社會裡，需要稍微不一樣的經營哲學。如果為了保護員工，故意增加一些無謂的工作讓員工負責，對社會絕對是負面的，對於想要透過工作，對社會持續做出貢獻的員工來說也是負面的。

・徹底排除多餘的業務

從第九章的調查可以得知，許多企業都有「莫名的冗贅業務」，如今的日本社會已經沒有本錢在這些冗贅的業務上浪費任何人力，所以徹底排除多餘的業務，可說是深藏於企業的一大社會責任。

個人能做的事

・過度要求企業會作繭自縛

在勞動力供給不足的情況下，會出現越來越多需要消費者成為勞動力來源的場合。比方說，自助結帳的零售店會越來越多，這就是透過自助式服務讓消費者成為勞動力來源的狀況。

如果在這種情況下，對企業提出過多的要求，最終消費者可能要付出更多代價。比方說，若是在自助式服務的門市，對工作人員要求過多的服務，可能就沒有人想在該門市工作，也很難找到替代人力，最終企業只能廢除該門市，如此一來，要求過多服務的消費者就無法再享受原有的便利性，也可能必須承受漲價的後遺症，也就是說**勞動力供給受限社會的消費者無法只是消費者**。

• 欣賞不同的自己

每個人都會在生命旅程中扮演不同的角色，比方說在職場的自己、熱心學習的自己、為人子女的自己、為人父母的自己、待在家裡的自己，以及外出遊玩的自己，在勞動力供給受限社會裡，從事各種活動的渺小力量會變得越來越重要，這時候的關鍵字就是「樂在其中」。**擁有精彩的人生，打造永續社會，**

然後再讓人生變得更精彩，促成這種良性循環是我們的最終目的。

未來預測一：消費者與勞動者的界線變得模糊

本書最後要進一步介紹我們對於未來的大膽預測，也就是當我們在本書討論的論點都發生之後，日本的未來將有何變化。

這裡說的變化，包含「消費者與勞動者的界線變得模糊」、「勞動者是上帝」、「勞動變得有趣」。乍聽之下，各位讀者可能聽不懂我在說什麼，所以就讓我們依序說明，勞動力供給受限將帶給我們怎麼樣的未來。順帶一提，這些勞動力供給受限的現象，都是我們在各地進行對談後整理出來的結果。

在長期研究機械化與自動化後，我們發現人類非常適合從事需要專業技術的工作或服務業，人類擁有很多優秀的能力，除了能從事細膩的工作外，也能瞬間切換模式，從事需要放手一搏的工作，還很能適應環境的變化。一直以來，許多人都試著讓機械部分取代人類的這些工作。從這些嘗試中可以知道，只要消費者能稍微提供幫助，機械能完成的工作就會一口氣增加不少。

讓我們用許多餐廳都已經正式採用的送餐機器人說明，以人類送餐的情況來說，必須先將裝了食物的盤子放進托盤，再送到消費者（點餐的人）的座位，然後將每道餐點放在消費者面前，這樣送餐才算完成。就我們的模擬結果來看，在二〇四〇年之前，不太可能全面改成由機器人送餐的模式，那麼我們應該怎麼做呢？

可行的方法有兩種。一種是消費者提供機械一些幫忙，以送餐機器人為例，機器人來到消費者的座位旁邊後，會透過語音提醒消費者「餐點已送達」，但是後續幾乎就只會在原地等待。送餐的最後步驟，也就是「將每道餐點放在消費者面前」的工作，仍然是由消費者自行完成的。

換句話說，原本由勞動者全權負責的工作，有一小部分改由消費者分攤。如此一來，就能一直提供相同的服務。超市的自助式結帳也是基於同樣的概念。**這代表就算進入勞動力供給受限社會，只有消費者願意局部分攤勞動者的工作，這些服務就能持續下去。**

另一種可行的方法就是，打造適合機器人工作的環境。

以剛剛提到的送餐機器人為例，現在的餐廳都還沒有裝潢成「機器人友善」的環境，所以只要消費者一個不小心，就有可能導致機器人無法正常工作（比方說，把椅子往後面拉開一點，或是在座位旁邊放行李箱，送餐機器人就無法移動，店員也必須到消費者的座位旁邊賠不是[55]。消費者當然不是故意要為難機器人）。

為了避免這一點，讓送餐機器人能夠完成人類所不能完成的工作，可以試著更換設備或是打造適合送餐機器人的環境，例如將走道設計得更寬一點，或是將座位設計成適合機器人的樣式，也可以統一托盤或餐盤的形狀與重量。類

55　筆者之前在某家餐廳用餐時，因為放了兒童座椅，導致送餐機器人無法正常送餐，因此不得不撤掉兒童座椅，也因此明白人類適應環境的能力有多強。

似的情況還有以無人機配送貨物到偏遠山區的實驗事業，許多人都認為用來配送貨物的紙箱必須統一規格。

當消費者與勞動者的界線變得模糊，以及「由消費者分攤的工作變多」，機械就有機會大展身手。當機械需要的環境越來越完善，消費者與勞動者之間的界線也將更加模糊。

未來預測二：勞動者是上帝

在過去有「顧客就是上帝」這種說法，**但是進入勞動力供給受限社會之後，變成「勞動者是上帝」**。由於顧客與勞動者的人數失衡，所以勞動者當然會變得十分重要。

此時的重點在於，如何支援如此重要的勞動者，也就是透過企業的投資，顧客的支援、法律、制度，以及各種觀點協助並鼓勵勞動者。企業為了留住人才，必須調整經營策略，調度資金，開發新商品[56]。如果無法留住人才，將會不斷地損失機會成本，所以就企業經營而言，「勞動者的確就是上帝」。

顧客的支援也非常重要。請大家稍微想像一下，顧客為了點餐而在美食街大排長龍的景況。

由於是以口頭方式點餐，所以就需要店員幫忙顧客點餐，但是店員的人數有限，所以顧客就會大排長龍。除了真的需要以口頭方式點餐的客人外，如果其他顧客能透過其他方式（很早以前就有販售餐券的自動點餐機，之後又進化成以平板電腦點餐的方式，或是顧客利用自己的行動裝置點餐）點餐，勞動者就不需要一直面對這些看似沒有盡頭的例行公事，顧客也不需要花費那麼多時間等待，企業也不會損失機會成本，只要顧客願意支援勞動者，就能建立這種皆大歡喜的機制。

56　已有「目的管理」（Purpose Management），也就是釐清公司要提供何種價值，員工為何工作的經營策略。

至於制度方面，我們都知道要打造一個「成為勞動者就能得到更多」的機制，最簡單易懂的就是稅制。以現況而言，所得稅，也就是針對所得課的稅，都是從勞動者負擔的，因此**政府應該立刻降低勞動者的稅賦，讓勞動者上繳的稅收在國家財政所占的比例下降**。

雖然現在也有扶養親屬扣除額這類與工時掛勾的稅制或社會福利，但我們必須替這類制度進行完整的檢驗，看看這些制度是不是讓「勞動者非得工作到一定的程度，才能享有福利」。當「勞動者就是上帝」這種說法成為主流價值，就必須建立一套讓勞動者能夠得到合理報酬的社會制度。

此外，在「勞動者就是上帝」的社會裡，會常常發生付錢也買不到服務的情況，因為擁有選擇權的是勞動者，顧客則是被選擇的人。除了一些法律規定必須提供的一般服務（例如郵遞服務）之外，這種情況將如雨後春筍般出現，最終可能會演變勞動者越多的地方，越適合居住的狀況，而勞動者與勞動世代聚集的地區也會十分吸引高齡者。

在這種勞動者為誘因的情況下，受歡迎地區與不受歡迎地區的差距就會越來越明顯。這種差距不僅會在大都市出現，也會在各行政地區、各區域出現，因此各地區將爭相建立吸引勞動者的制度，這類競爭也正準備展開。

未來預測三：勞動變得有趣

接下來的這種說法聽起來很離譜，但我們認為勞動或工作將變得更有趣。理由很簡單，因為不有趣，勞動力供給量就不會增加。企業為了拓展新事業就必須找到必要的人才，所以公司提供的工作越有趣，員工的動力肯定會越強。

比方說，各家科技公司為了搶到需要的科技人才，有可能會以遠距工作為誘因、提出週休三日這種條件，或是祭出長期休假制度[57]，這些動向都是勞動

57　原本指的是「學術休假制度」，這是讓大學的研究者不受講課、學務這些雜事干擾，專心進行研究的制度。由於「Sabbatical」這個單字有學術休假的意思，所以「Sabbatical 休假」等於重複休假的意思，但是在日本通常說成「Sabbatical 休假」，所以本書也從善如流。

變得有趣的徵兆。

如今已很常看到關心在地議題的經營者，將辦公處打造成有點時髦的共同工作空間，這也讓人覺得有點像是要趕上「讓自家公司的工作變得有趣一點」的趨勢。今後各家公司應該會絞盡腦汁提出各種勞動條件，或是改造工作環境的想法，藉此在人才爭奪大賽中獲勝。

如果要再提一點勞動力供給受限造成的影響，當然是薪資調漲（雖然薪資調漲不全然都是快樂，但還是有讓人開心的部分）。其實箇中的原理也很簡單，當薪資上漲時，勞動力需求量就會下降，如果此時勞動力供給量不增加，勞動力就會變得供不應求[58]。進入勞動力供給受限社會之後，薪資上漲將帶來下列的好處：

- 導入機械的相對成本下降。覺得導入機器人的成本比花錢僱用人的成本更低的企業會進一步投資設備，間接提高員工的生產力，辛苦的工作與無謂的工作會跟著減少。

- 員工可以自由使用的時間變多。當時薪變高時，原本為了「討生活而加班」的勞動者，就不會為了多賺一點錢而做一些多餘的工作。說得更牽強一點，當勞工的私人時間變多，或是貢獻給社區的時間變多時，整個社會就能因此蒙受其惠。
- 潛在的勞動者浮上檯面。「時薪只有八百日圓的話……讓我再考慮考慮」，因為這樣而不願意工作的勞動者，在時薪上漲到一千五百日圓後，或許會覺得「在這個行情下我當然想做！」這就是調薪就能讓勞動力供給量增加的意思。

有些企業因為調漲薪資，導致損益難以平衡而倒閉，這就是現在進行式的人力不足倒閉現象，但是**能否提高薪資卻變成考驗企業永續性的試金石。**

58 這就是勞動經濟學所說的「勞動供給曲線失衡」。

進入二〇二三年後，許多地區都傳出薪資上漲的消息，但是在採訪經營者後，便發現許多公司的價值一再被考驗，比方說，自家公司能否為了調薪而漲價，又是否具備調高薪資所需的優勢，或是與顧客之間的互信關係。換句話說，在一步步調高薪資的過程中，企業的經營理念也將不斷受到考驗。

日本真正的成長型產業

在此，想針對日本的成長型產業提出一個問題。

雖然政府不斷呼籲，希望勞動力能流向成長型產業，但是若將成長型產業定義為高產值產業，那麼以現有的資料來看，日本的成長型產業就是資訊通訊業、製造業及金融保險業。

至於產值較低的代表性產業，就屬醫療照護領域。我們該如何看待這些領域？如果因為這些領域的生產力較低，就鼓勵這些領域的人力流向資訊通訊業，一切的問題真的就能迎刃而解嗎？

就算人才湧向資訊通訊業，經濟效率因此提升，醫療照護這類社會基礎建設領域的人力將更加不足，情況也會變成如本書所預測的，「大家都為了生活而忙碌，沒有多餘的時間工作」。未納入生活維持服務的勞動力供給問題的「國家策略」或「成長策略」，都是未能掌握日本社會瓶頸的空談，因為連作為經濟基礎的社會都難以維持，更遑論經濟成長。

大部分的生活維持服務都是勞力密集，生產力不高的領域，**如果大部分的人力都被困在勞力密集的生活維持服務，整個日本的生產力就絕對無法提高**（在醫療照護領域投入的勞動力已於二〇〇九年到二〇二一年之間增加三六％，人力困在這些領域的徵兆已經浮現）。在勞動力有限的情況下，我們到底該如何看待成長型產業與生活維持服務這兩個呈現互相衝突關係的產業？

在此要提出一個建議，就是「省力化產業」。

所謂的省力化產業就是透過ＡＩ、機器人這類最先進的技術，讓人力負責的工作變得省力、有趣、精彩，讓更多人願意參與的產業。之前在第六章介紹一些在照護業、建築業與土木工程業領先的企業，而這些企業可說是省力化產業的新芽。

只有「活用生成式ＡＩ」的話，無法取代生活維持服務中的人力，如果只是將「先進技術導入商業」，也無法解決勞動力不足的問題，所以我們必須從「先進科技×工作現場的課題」這個觀點看待問題。

照護業、建築業、物流業都面臨人力不足的問題，如何提供安全、安心、永續的服務，也已成為社會的課題，對省力化產業的需求也會不斷放大，但也因為日本的勞動力嚴重不足，才更機會在省力化產業這個領域創新；換句話說，這個社會課題看似劣勢，卻反而有機會在這個領域創新的優勢。

簡單來說，**省力化產業能讓勞力密集型的生活維持服務轉型為成長型產業。當資本與人才流向省力化產業時，才能擺脫爭搶人才的困境，脫離勞動力供給受限的窘境。**

為了達成這個目標，就必須培養時時留意先進科技的發展，同時親身感受生活維持服務的人才。除了必須重新學習程式設計外，還得學習感受現場的方法，至於已經知道現場是怎麼一回事的人，則需要優先學習最先進的技術。

日本該做的事，不是與美國或中國的平台業者或科技巨擘正面對決，而是要利用勞動力供給受限這個日本率先遇到的社會課題，創造「省力化產業」，這才是日本真正的成長產業。

若是論資本集中的規模，日本絕非美國或中國的對手，但是省力化產業的最先進現場卻只有日本才有。要在勞動力供給受限這個人類社會的次世代課題的現場，實驗各國的技術，就要將各國的技術引進日本。要讓日本發揮這個強項，就必須培育由「先進科技×生活維持服務的現場」組成的「省力化產業」。

二〇四〇年的兩個日本

最後，我們整理出日本社會在二〇四〇年的兩個樣貌。或許這兩者只有些微差異，但我們目前正站在造成這兩個差異的分水嶺。

危機的「危」：坐以待斃的二〇四〇年的日本

二〇二〇年代中期之後，日本進入沒有前例可循的時代。外縣市的危機感特別強烈，有部分的經營者或地方政府首長已迫不及待地展開挑戰，卻沒有幾個成功的範例。這些挑戰連解決勞動力供給受限這個共通問題的嘗試都算不上，大部分的人都只注意到這些挑戰的失敗，而這些挑戰也因此中途夭折。

國內企業的白領工作，因為生成式AI及數位轉型而減少，但是與生活維持服務相關工作的待遇又太低，讓多出來的白領階級無法成為日本的生活維持服務的勞動力，有能力的白領階級也紛紛跳槽到外國企業。

另一方面，「共助」、「互助」、「彼此體貼」這類詞彙，在日本國內成為流行金句和每個人的口頭禪。住在日本的人只能選擇「忍耐」，只能咬牙忍受因為生活維持服務的勞動力不足，導致生活品質下降的痛苦。

陷入這種困境的日本，再也不是宜居的國家，也不是理想的工作環境，更無法吸引外國人。明明人力明顯不足，卻成為逼迫勞動者出國謀生的國家之一。或許日本的勞動力會紛紛流向服務外國上流社會，也是無可奈何的結果，問題是服務日本人的生活維持服務，卻無法得到足夠的勞動力……。

由於在日本工作的人仍然十分勤勞，所以國內生產毛額目前還能維持平穩，但真正的問題是，國內生產毛額之所以能維持平穩，都是因為每個人的工時不斷延長所致。二〇二〇年，全年平均工時曾一度降低，之後卻出現逆轉，維持在高工時的水準，就業者的缺口都是由每個人增加的平均工時填補。高齡就業者的工時，也因為年金給付請領年齡往後延及其他因素，而與勞動世代的工時並駕齊驅。每個人都拚死拚活地工作。

尤其勞動生產力原本就低的醫療照護及其他生活維持服務，到現在仍是勞力密集產業。為了讓大家願意成為生活維持服務的勞動力，甚至在義務教育導入相關課程，讓學生知道「從事幫助別人的工作有何意義」，然而勞動世代的人口本來就很少，若大多數都投入生活維持服務，社會生活才得以維持。不過，八十五歲以上的高齡者不斷增加，勞動世代的人再怎麼投入生活維持服務，也像是墜入無底洞，完全無法改善人力不足的問題，其他領域也有相同的問題。

由於在地的必需企業無法找到需要人才，所以接二連三倒閉，日本的企業數量也因此急速減少，而為了追求效率，只能提供千篇一律的服務。為了得到這種服務，地方政府只能提出讓大部分的人住在縣廳所在地附近的都市計畫。有些人批判，這簡直就是「令和的一國一城令」，但是日本因此失去文化的多元性，原有的文化力量也因此萎縮，賺取外匯的觀光業從而失去魅力。

與此同時，年輕人加速湧向生活維持服務勉強能夠正常運作的東京，東京只能祭出限制大學設立的政策，以及促進公司在東京設立總公司的政策，但是成效不彰。

只依賴志工、在地居民互助及人們的「善意」的政策無法奏效，每個人也越來越不願意參與這些政策。長工時、低效率的生活型態，壓得日本社會喘不過氣，越年輕的人越無法忍耐這種痛苦，最後只能選擇離開日本。

危機的「機」：邊做邊學的二〇四〇年的日本

二〇二〇年代中期之後，日本進入沒有前例可循的時代。「沒有前例可循」、「身邊的人都不說YES」，為了避免人力不足造成的生活機能衰退，以及生活基礎建設瓦解造成的重大事故，日本社會開始調整之前絕不可能有所改變的決策方式。

了解當地情況的企業早一步察覺到危機，部分經營者與地方政府首長也迫不及待地展開挑戰。雖然一開始被一些人看衰，或是被某些人揶揄「有人看過這種挑戰嗎？」但是這些挑戰卻為日本的生活維持服務帶來創新。

由於人力是最稀少的經營資源，所以許多企業紛紛舉起「讓人力發揮到極限」的大旗，競相投資人才，政府也在後面助一臂之力，這些都讓遲遲無法提高勞動生產力的生活維持服務，帶來輕鬆又精彩的工作環境。更重要的是，出現改善並維持這類工作環境的技術職務與企劃職務，這些「關鍵白領階層」也成為新的中產階級。

此外，雖然出現許多透過先進技術解決「省力化產業」課題的獨角獸企業，但我們絕對不可以忘記的是，曾從事照護工作或在建築工地工作的人非常了解現場的課題，而他們提供的服務已成為基礎。

雖然國內生產毛額還是不見起色，但是每個人的平均工時從二〇二〇年開始急速減少，冗贅的工作也降到最低。時薪增加之後，每個人都能以短短的工時賺到足夠的收入。換句話說，勞動生產力提高了。就結果而言，越來越多人在本業賺到足夠的收入後，還可以利用多餘的時間賺取更多的收入，每個人的所得也會以超越物價上漲率的速度增加。

此外，生活維持服務的那些粗重工作在大量設備投資之下消失，勞動生產力也跟著改善，如此一來，就形成生活效率提高，生活變得更方便，每個人可以自由運用的時間變多，高齡者與女性能以不同形式貢獻勞動力的良性循環。

當每個人都覺得不需要忍耐那些痛苦的工作後，這種概念會讓人覺得，在別人眼中那些痛苦的工作，有可能是有趣或充滿娛樂性的工作（「類工作活動」）。迫在眉睫的人力不足問題，變成催生全新系統平台的契機，這種全新的系統平台也催生出源自日本的世界級新興企業。

在二〇二〇年代前期，被稱為觀光公害或超限旅遊（Overtourism）的那些問題，也因為「外國觀光客參與旅行地點的活動」而意外解決。比方說，在京都的寺院住一晚，隔天早上打掃寺院周遭的旅行套餐，會因為能體驗日本獨有的文化，而被全世界的年輕人分享，漸漸就會有越來越多的外國年輕人想在日本生活與工作。

日本的確慢慢變回兩百年前的「弱小國家」，在全世界經濟的經濟規模與人口比例，也遠遠無法和一九九〇年代比擬，在先進技術領域的專利數量、技術能力，以及投入的資本，也遠遠比不上美國與中國。

不過，這種在國際社會中的異樣存在感到底是什麼？日本將讓全世界明白，超高齡化的問題將對人類社會造成什麼影響，也將示範該怎麼解決這個問題，這似乎有點像是二十一世紀初期的北歐國家。讓智慧與資本紛紛投入生活維持服務的改革和創新，打造一個讓生活維持服務得以永續經營的機制，如此一來，就能挪出更多的勞動力，而這些改革和創新也將於其他領域普及。

重點在於生產力提高後，每個人就能擁有更多自由分配的時間，也更能在不同的場合提供自己的智慧，或是參與不同的活動，這個全新的社會目標才是重點。此時關鍵字不是「為了社會工作」，也不是「被迫工作」，而是「為了每個人工作」、「因為很有趣，所以才工作」。

現在距離戰後復興快要一百年，距離泡沫經濟崩壞的時期也超過半個世紀。二〇四〇年的日本將因為國民打從心底享受壽命不斷延長的二十一世紀，每個人都想創造快樂幸福的社會，而得到全世界的熱切關注。

結語

發明的時代

我在本書開頭就提到，「本書是一本危機與希望的書」。

勞動力供給受限社會這種新型態的社會，將動搖日本社會與企業的基礎，也會動搖每個人的內心。如果坐以待斃，這個新型態的社會很可能會讓生活維持服務無以為繼，但是在危機感不斷升高下，各種解決方案的確已經漸漸成形。

這讓我不禁覺得，十幾年後的日本將進入「發明的時代」。

勞動力需求量不斷升高的社會，需要各種創意與創新。要讓日本的生活維持服務得以持續，已經不能再以「不用守規矩了嗎？」、「沒有前例可循」、「誰要負責」這種藉口推託。要是繼續說這種藉口，勞動力將越來越少，生活的基礎建設也會瓦解。

在此，想請大家回想「需要為發明之母」這個普世原則。

率先面對勞動力供給受限問題的日本，將成為世界首屈一指的「社會的『需要』大國」。當我們回顧人類的歷史，就會發現每當有需要時，就會出現改變社會的發明。本書後半部也帶領大家從不同的方向，觀察這些快要具體成形的發明。那些深知再以「沒有前例」、「沒有人負責」為藉口，只會讓當地社會瓦解的人，將會在眾人高喊「需要」的情況下，以前所未有的創意想出改造社會的解決方案。

日本即將進入這種發明的時代。

本書在執筆之際，和各界的朋友交換意見，其中包含耳熟能詳的大企業經營者、地方中小企業的經營者、國會的官僚與地方政府的官員，當然也包括在不同場合邊做邊學的第一線人員，這些人的寶貴意見都成為本書最大的支柱。

在和這些人交流之後，我很想讓社會大眾聽到這些人的意見，所以才寫了本書。雖然我在日本的每個角落都聽到「有些事非得有所改變不可」的意見，但我真正的願望是透過文字，說明所謂的「有些事」是哪些事情，就算無法完整說明也沒關係。

我很期待本書能引起各種討論，也不覺得本書完整說明勞動力供給受限這個即將來襲的社會課題。

如果本書能成為導火線，引爆讓人在錯誤中學習的火花，我們也願意試著散布這些火花，讓這些火花成為照亮四周的溫暖火焰。

從錯誤中學習才剛剛揭開序幕，試過不成，放棄也無所謂。勞動力供給受限既是危機，也是轉機，而這個轉機將為我們帶來什麼？老實說，在面對這個問題時，我的心情有一半不安，卻有一半是好奇。沒有人知道勞動力供給受限社會將發生什麼事，這也是讓我們展開研究的原動力。

在撰寫本書時，一般社團法人UNIVA代表理事石原誠太給予許多鼓勵，我也深刻地感受到，他在各地掀起的熱潮，將一步步改變今後的社會。

東洋大學的久米功一教授幫忙建置模擬模型，也根據建置產業結構模型的經營提供實際的支援。Re Data Science株式會社董事長暨總經理的高田悠矢也根據在日本銀行進行宏觀經濟分析的寶貴經驗，在建置模擬模型之際提供許多寶貴的建議。

此外，株式會社EXAWIZARDS工作AI&DX研究所所長的石原直子，從未來預測研究的發想階段就給予許多協助，也讓我進一步研究「勞動力供給受限」這個離譜的假說。

本書之所以能夠寫成，全拜在大型媒體服務的峯田知幸，感謝他長期陪我討論社會課題造成的影響，以及相關的解決方案。PRESIDENT公司的工藤隆宏則是在這份報告發表後的幾天，就詢問要不要將這份報告撰寫成書，這也讓我覺得受寵若驚，如果沒有他，本書將無法出版，也沒有機會讓社會大眾知道那些我在各地聽到的課題，在此再次致謝。

許多外國媒體與國際機構都對本研究表示興趣，日本已準備進入人類史上第一次出現的勞動力供給受限社會，我也感覺有許多出現高齡化趨勢的國家，正熱切關注日本接下來的發展，而我想告訴這些外國媒體的訊息是Crisis & Hope，也就是危機與希望。

作者代表　古屋星斗

新商業周刊叢書　BW0847

大缺工

從技能失傳、倒店危機到產業崩潰，我們如何因應數十萬人才缺口？

原文書名／働き手不足1100万人の衝撃
作　　者／古屋星斗、Recruit Works研究院
譯　　者／許郁文
企劃選書／黃鈺雯
責任編輯／黃鈺雯
版　　權／吳亭儀、江欣瑜、顏慧儀、游晨瑋
行銷業務／周佑潔、林秀津、林詩富、吳藝佳、吳淑華

總 編 輯／陳美靜
總 經 理／彭之琬
事業群總經理／黃淑貞
發 行 人／何飛鵬
法律顧問／台英國際商務法律事務所
出　　版／商周出版　115台北市南港區昆陽街16號4樓
電話：(02)2500-7008　傳真：(02)2500-7759
E-mail：bwp.service@cite.com.tw
發　　行／英屬蓋曼群島商家庭傳媒股份有限公司　城邦分公司
115台北市南港區昆陽街16號8樓
電話：(02)2500-0888　傳真：(02)2500-1938
讀者服務專線：0800-020-299　24小時傳真服務：(02)2517-0999
讀者服務信箱：service@readingclub.com.tw
劃撥帳號：19833503
戶名：英屬蓋曼群島商家庭傳媒股份有限公司城邦分公司
香港發行所／城邦(香港)出版集團有限公司
香港九龍土瓜灣土瓜灣道86號順聯工業大廈6樓A室
電話：(852)2508-6231　傳真：(852)2578-9337
E-mail：hkcite@biznetvigator.com
馬新發行所／城邦(馬新)出版集團
Cite (M) Sdn Bhd
41, Jalan Radin Anum, Bandar Baru Sri Petaling, 57000 Kuala Lumpur, Malaysia.
電話：(603)9056-3833　傳真：(603)9057-6622
E-mail：services@cite.my

國家圖書館出版品預行編目(CIP)數據

大缺工：從技能失傳、倒店危機到產業崩潰，我們如何因應數十萬人才缺口？/古屋星斗, Recruit Works研究院著；許郁文譯. -- 初版. -- 臺北市：商周出版：英屬蓋曼群島商家庭傳媒股份有限公司城邦分公司發行, 2024.07
面；　公分. --(新商業周刊叢書　BW0847)
譯自：「働き手不足1100万人」の衝撃：2040年の日本が直面する危機と"希望"
ISBN 978-626-390-165-0(平裝)

1.CST: 勞工問題 2.CST: 勞動力 3.CST: 勞動政策 4.CST: 日本

556　　113007190

封面設計／盧卡斯工作室　內文排版／無私設計・洪偉傑　印　刷／鴻霖印刷傳媒股份有限公司
經 銷 商／聯合發行股份有限公司　電話：(02)2917-8022　傳真：(02) 2911-0053
地址：新北市231新店區寶橋路235巷6弄6號2樓

ISBN／978-626-390-165-0(紙本)　978-626-390-167-4(EPUB)
定價／410元(紙本)　285元(EPUB)

城邦讀書花園
www.cite.com.tw

2024年7月初版
2024年9月初版1.9刷